本书出版受中国科学院大学人文社科学科建设工程经费资助

|光明社科文库|

"婚姻"的认知模式
——基于汉语和英语语料的隐喻分析

杜 垚◎著

光明日报出版社

图书在版编目（CIP）数据

"婚姻"的认知模式：基于汉语和英语语料的隐喻分析 / 杜垚著 .-- 北京：光明日报出版社，2019.11
（光明社科文库）

ISBN 978－7－5194－5377－0

Ⅰ.①婚… Ⅱ.①杜… Ⅲ.①汉语－隐喻－研究 ②英语－隐喻－研究 Ⅳ.① H15 ② H315

中国版本图书馆 CIP 数据核字（2019）第 114030 号

"婚姻"的认知模式：基于汉语和英语语料的隐喻分析
"HUNYIN" DE RENZHI MOSHI : JIYU HANYU HE YINGYU YULIAO DE YINYU FENXI

著　　者：杜　垚	
责任编辑：郭思齐	责任校对：李　荣
封面设计：中联学林	责任印制：曹　净

出版发行：光明日报出版社
地　　址：北京市西城区永安路 106 号，100050
电　　话：010-63139890（咨询），010-63131930（邮购）
传　　真：010-63131930
网　　址：http://book.gmw.cn
E－mail：guosiqi@gmw.cn
法律顾问：北京德恒律师事务所龚柳方律师

印　　刷：三河市华东印刷有限公司
装　　订：三河市华东印刷有限公司

本书如有破损、缺页、装订错误，请与本社联系调换，电话：010-63131930

开　　本：170mm × 240mm
字　　数：205 千字
印　　张：16
版　　次：2020 年 1 月第 1 版
印　　次：2020 年 1 月第 1 次印刷
书　　号：ISBN 978－7－5194－5377－0
定　　价：95.00 元

版权所有　　翻印必究

序　言

　　婚姻这件事，对于绝大多数成婚有年的人来说，实在是太普通了，以至于身在其中无以觉察，每到填写户籍之类时才会发现，原来自己并非自由身。据说西方有一项社会学调查，显示夫妻两人长年生活在一起，非但习性会一致起来，连长相也会变得接近。听到这一结果，有些受访者恐怕会吃惊，甚至会感到沮丧。须知趋同意味着或多或少要失却个性，而个性至上乃是西方价值观的基石。不过这跟婚姻好像关系不大，一男一女即使不结婚也可以同居永年。只是非婚同居无论在哪里，终究不多见。

　　婚姻生活有幸福，有不幸福。如果是前一种情形，汉语有许多美妙的辞藻，用"连理枝""相思树""比翼双飞"等来形容。而如果是后一种情形，人们一下子就变得话少，没有多少辞藻可用了。婚姻生活一旦无法维续，人们没兴致打比方，就只简简单单地说：婚姻破裂了。可是汉语从不说"同居破裂了"。这大概不是因为婚姻更加脆弱，经不起折腾，而是因为"同居"是个动词，不能充当"破裂"的施事。换上名词"感情"，搭配就又成立了。但再细究，远非所有的名词都能被动词"破裂"接纳为施事，如"激情""病情"就不能，"人生""生命"也勉强。倘若继续追查，还能发现更多的制约，例如担任施事的名词，其意义必须暗含某种人际关系，而上面说的激情、病情、人生、生命等都是一己的事情，不以双边关系为前提。这一类制约，结构语言学上称之为分布，意思是一个词在语句中出现的可能性受到语法、语义、语境等条件的约束。

除此，婚姻、感情、关系等可以说"破裂"，或许还另有缘故。"破裂"这个词在古汉语里本来表示头脸、肌肤、衣裳、旗帜等破损或开裂，很晚才转指感情变坏、关系弄僵。从"破""裂"二字的偏旁部首，我们犹能察觉其初始的实物意义。日常语言里大量的动词，其抽象的意义是由具体的意义衍生而来的，类似的现象在汉语和英语里都很常见。关于这方面字词意义的演变，历史语言学家早就观察到，也有过不少研究，但一般只是笼统地说，从本义到引申义、具体义到抽象义，是意义得到了扩展，而认知语言学家还想知道，在思维的深底会不会另有某些原因，促使人们把婚姻视为会"破裂"的事物？试想，一个会破裂的事物，无论具体或抽象，概念上一方面应该是完全、完整、完美的，另一方面又必须是有可能变坏、变丑、变质的。事物如果本来就有缺陷，或者隐含有偏颇，譬如激情、病情，就无所谓破裂；或者像人生、生命，起步之初无比稚嫩，需要迈过很长一段岁月才有望靠近理想的目标，那也谈不上破裂。总之，或有可能存在某些认知模式，牵引着词汇由具体到抽象的义变，制约着词语的习惯用法，进而诱导着人们的日常思维。探发这一类认知模式，对汉语者和英语者的认知模式加以比较，揭示相似和差异所在，便是杜垚这篇博士论文的目的。

认知语言学可探的对象很多，杜垚偏偏选中婚姻，外人会觉得，想必是因为这之前还没有学者专门致力研究，如此选题能显出新意。只不过大多数学生是先迷上某一领域的理论方法，继而四处寻找可做的题目，杜垚却似乎是反向而行，先是对婚姻这一话题深感好奇，很想一问究竟，然后才着手寻觅研究的门径，希望认知语言学能帮上些忙。她是在像逐梦一样求索婚姻的隐喻。几年里，她一边摸索入门，窥得学术机妙，一边也收获了生活的果实，不仅得享婚姻之乐，而且做起了妈妈。英谚云：Three is a family, two is none. 从憧憬婚姻到缔结婚约，再到组建小小家庭，两人世界一变而为三人天地，这一系列的变化，既在预料当中，又带来颇多惊喜。如今杜垚站在人生的新起点上，尚有很长的路要走，读者朋友兴许会和我一样想知道：她还会回过头来再度探讨同一题目吗？要是重续话题，再行思考分析，还会有哪些发现呢？这仍取决于她的兴趣与选择。不管怎样，我想她都会像自己的名字所暗示的那样，坐实在平稳的土地上，然后探足前行，步步进取。

姚小平
戊戌年岁杪于返京途中

目 录
CONTENTS

第1章　绪　论 ·· 1
　　1.1 选题依据 ··· 1
　　1.2 文献回顾 ··· 5
　　1.3 研究问题 ·· 12
　　1.4 本文的研究方法 ·· 13
　　1.5 研究意义与价值 ·· 15
　　1.6 本文的结构与框架 ··· 16

第2章　本项研究的学术背景 ·· 17
　　2.1 20世纪六七十年代的认知转向 ·································· 17
　　2.2 认知转向下的隐喻研究 ·· 20
　　2.3 认知模式 ·· 26
　　2.4 认知模式与概念隐喻的关系 ······································ 31
　　2.5 本章小结 ·· 33

第3章　语料收集与语料处理 ·· 34
　　3.1 语料收集 ·· 34
　　3.2 语料处理 ·· 38
　　3.3 本章小结 ·· 43

第4章　婚姻概念隐喻 ·· 44
　　4.1 婚姻概念隐喻之一：视婚姻为整体 ··························· 44
　　4.2 婚姻概念隐喻之二：视婚姻为人际关系 ···················· 70

4.3 讨论 ·· 99
　　4.4 本章小结 ··· 100

第 5 章　婚姻的认知模式 ··· 103
　　5.1 婚姻的认知模式之一：视婚姻为整体 ························· 103
　　5.2 婚姻的认知模式之二：视婚姻为人际关系 ·················· 123
　　5.3 本章小结 ··· 143

第 6 章　讨论 ·· 145
　　6.1 概念隐喻的心理真实性 ·· 145
　　6.2 隐喻的发生层次 ·· 149
　　6.3 新奇隐喻的产生 ·· 151
　　6.4 婚姻范畴是一个放射性范畴 ······································· 154
　　6.5 古今婚姻认知模式的差异 ··· 155
　　6.6 本章小结 ··· 156

第 7 章　结论 ·· 157
　　7.1 研究发现 ··· 157
　　7.2 研究创新性与局限性 ·· 159
　　7.3 研究展望 ··· 160

参考文献 ··· 162

附　录 ··· 174
　　附录Ⅰ　采访提纲 ·· 174
　　附录Ⅱ　文学语料来源 ··· 175
　　附录Ⅲ　隐喻表达汇总（汉语部分）···························· 177
　　附录Ⅳ　隐喻表达汇总（英语部分）···························· 218

后　记 ··· 243

第1章 绪 论

从本质上讲，人是一种社会性动物。那些生来离群索居的个体，要么不值得我们关注，要么不是人类。社会从本质上看是先于个体而存在的。那些不能过公共生活，或者可以自给自足不需要过公共生活，因而不参与社会的，要么是兽类，要么是上帝。

——亚里士多德《政治学》

1.1 选题依据

亚氏的话虽然写于两千多年前，今天看来仍是对人的社会性维度相当精确的描述。它从肯定与否定两方面进行阐释，将社会性视为人之为人的根本要素。马克思对人的本质做了更为准确、深刻的论断：人的本质并不是单个人所固有的抽象物，在其现实性上，它是一切社会关系的总和。

婚姻关系，无疑是人类最为复杂的一种社会关系。古人说，夫妇为人伦之首。婚姻不但关系着个人的幸福、社会的稳定和发展，也关系着人类文明的存续。古往今来、古今中外，婚姻都是人类永恒的话题之一。我们究竟是怎样认识、理解、定义婚姻的？

从汉语的历史上看，"婚姻"一词很早就出现了，如《诗·郑风·丰笺》:"婚姻之道,谓嫁娶之礼。"再如《白虎通义·嫁娶》:"婚姻者,何谓也?婚者昏时行礼,故曰婚。姻者,妇人因夫而成,故曰姻。"从以上定义中,我们可见两点:第一,古时"婚姻"一词指称的是一整套完整的"礼"。古时婚姻的"礼"按时间先后依次是:纳采、问名、纳吉、纳征、请期、亲迎。这一套"礼"行完,婚姻就缔结了;第二,古时男尊女卑的思想。"妇人因夫而成"体现了"夫"在婚姻中的主导地位,"妇"在婚姻中的从属地位,这与我国古代"三纲五常"里"妇为夫纲"一条是吻合的。此外,我国古代的婚姻还强调由婚姻联结起来的某种姻亲关系及婚姻对宗法家庭的作用,如《尔雅·释亲》:"婿之父为姻,妇之父为婚;妇之父母、婿之父母相谓为婚姻。"再如《礼记·昏义》:"婚姻者,合二姓之好,上以事宗庙,下以继后世也。"

"婚姻"一词,在《现代汉语词典》(第六版)中主要有两个义项:"婚姻①结婚的事;②因结婚而产生的夫妻关系。"第一个义项不太明确,没有说清楚结婚和婚姻的区别。第二个义项比较明确,认定婚姻是一种关系,这种关系的确立以结婚为唯一条件,但没有进一步说明婚姻是怎样的一种关系。

英语的"婚姻"(Marriage)一词借自拉丁语 Maritaticum (11c.)。当代比较权威的几本英语词典 Oxford English Dictionary, The Heritage Illustrated Dictionary of the English Language 和 Webster's Ninth New Collegiate Dictionary 对"婚姻"一词定义主要如下:

Marriage

1. a. the condition of being husband and wife; the relation between persons married to each other; matrimony. b. a particular instance of matrimony; a matrimonial alliance.

2. a. the action, or an act, of getting married; the procedure by which two

people are married. b. a wedding ceremony; wedding festivities.

(*Oxford English Dictionary*)

Marriage

1. a. the state of being husband and wife; wedlock. b. the legal union of a man and woman as husband and wife.

2. the act of marrying or the ceremony of being married; a wedding.

3. any close union.

(*The Heritage Illustrated Dictionary of the English Language*)

Marriage

1. a. the state of being married. b. the mutual relationship of husband and wife; wedlock. c. the institution whereby men and women are joined in a special kind of social and legal dependence for the purpose of founding and maintaining a family.

2. an act of marrying or the rite by which the married status is effected.

3. an intimate or close union.

(*Webster's Ninth New Collegiate Dictionary*)

上面三部英语词典关于"婚姻"的定义包含了汉语定义的两层意思，即婚姻既是结婚的事，也是一种因结婚而形成的关系。相较而言，英语"婚姻"的定义内涵更为丰富：一方面，定义指出了婚姻的建制性，即婚姻关系由法律赋予；另一方面，婚姻也可以指一般的亲密关系。然而，这样的定义似乎让人更觉困惑。可以说，汉语和英语中，似乎都没有一条定义能尽表"婚姻"之义。

除语义学家和词典学家，其他学科的学者也对婚姻做了多角度的阐释和解读。法学家关注的是作为制度的婚姻。以中国为例，《中华人民共和国婚姻法》（2011）规定了婚姻成立与解除的条件，明确了夫妻间的权利与义务，但通览法律条文，不难发现：无论是婚姻法，还是婚姻法的若干司法解释，都没有给出婚姻明确的定义。法理上的"结婚"看重条件和形式，如结婚必须达到法定年龄、必须符合一夫一妻制、禁止近亲结婚、禁止患一定疾病的人结婚，等等。关乎实质的仅有"双方完全自愿"一条。可以说，法律意义上的"婚姻"是一种制度，强调婚姻之名、淡化婚姻之实。

婚姻也是人类学家关心的重要话题之一。人类学家关注的重点是婚姻在历史长河中形态的变化和发展，包括结婚的形式（乱婚制、群婚制、一妻多夫、一夫多妻、一夫一妻等）、结婚的手续（掠夺婚、买卖婚、服务婚、交换婚、私奔婚等）、结婚的范围（内婚制、外婚制、特定婚配等）。值得一提的是，人类学家比较关注婚姻的基础，如 Coontz（2005）在《婚姻的历史》一书中，系统地回顾了"爱情"是如何在人类漫长的婚姻历史中，一步步成为婚姻的基石的。

爱情与婚姻的研究也是社会心理学的一大领域。总的来说，社会心理学有较为成熟的人际吸引理论与择偶理论，很多理论也得到了实证研究的证实，但"对亲密的、长期的关系进行科学研究，相比第一印象的研究来说要困难得多"（Myers 2008：243），因此，社会心理学领域并没有形成完整的婚姻理论。

总之，从既往的学术研究看，多数学者倾向于从法律、文化人类学、社会心理学角度探讨婚姻，而立足于认知科学，对婚姻的认知模式做深入探索的研究比较匮乏。"婚姻，是一种制度，但又不仅是一种制度。每天行将结束之时或午夜时分，亦是婚姻中的两个个体赤诚相视之时。在任何时代，婚姻中个体或者夫妇的实际切身体验极少与当时法律、习俗或是哲学中的婚姻模式完全吻合。"（Coontz 2005：9）法律、习俗、哲学中的模式在学术界被称为专家模式，而本书要探讨的恰恰是实际存在于人头脑中的，与这种专家模式相对应的一种民俗模式。婚姻的确具有社会性和制度性，但对于婚姻来讲，人们在认知层面上的变化往往要落后于社会的变化和制度的变化。因此，婚姻认知模式的研究是婚姻研究不可疏忽的一个角度，笔者希望本项研究能填补婚姻认知研究的一项空白。

1.2 文献回顾

本节将从认知模式研究、基于概念隐喻的认知模式研究和婚姻概念隐喻相关研究三个方面梳理相关的中外文献。

1.2.1 认知模式研究

认知模式的研究于20世纪80年代在人类学、心理学和语言学几个领域同时展开、各有特色。不同学科的学者偏好使用不同的术语，人类学与民俗学者偏好使用"文化模式""民俗模式"，心理学与语言学者偏好使用"认知模式"与"认知图式"，为叙述方便、统一起见，本节将统称"认知模式"。

对不同概念、事物认知模式的研究需要不同的方法，找到恰当的方法尤为重要。Holland&Debra（1987）试图探寻美国青少年男女交往中性别类型的认知模式，研究采用的是自由列举法（free listing）。首先，研究者请男、女受试者自由列举其相反性别类型的词汇，然后让他们把这些词汇以自认重要的依据归类，并讲出归类的依据。研究者认为，当受访者被要求对相似的性别类型进行归类时，他们头脑中和那种性别类型联系的"典型图景"（prototypical scenario）会立刻被激活，这种典型图景就是人们对性别类型的一种认知模式。研究者继而采用访谈的形式，从受访者描述自身或他人情感历程的口述中，印证了上述认知模式；White（1987）研究的是美国人问题处理（problem solving）的认知模式，采用的方法是语义相似性判断（semantic similarity judgement）。他测试了17个美国人对11个谚语的释义，并让他们对11个谚语进行语义相似性判断，从而提炼了美国人问题处理这一基本人生体验的认知模式，并推测了这一认知模式对行为的指导力量；Hutchin（1987）的受试者，特罗布里恩岛（Trobriand Islands）的一位妇女讲述了一个当地的神话，研究者通过话语分析的方法，揭示了当地人看待生者和逝者关系的认知模式；D'andrade（1987）基于众多哲学家的观点，以内省的方法提炼出了西方人对于"心智"这一概念的认知模式，并从对大学生和高中生采访所获得的语料中证实了他提炼出的认知模式。研究者还把这一模式和专家模式进行对比，把西方人心智的认知模式和Lutz（1980）得出的密克罗尼西亚岛上爱法鲁克（Ifaluk）人的心智认知模式进行了对比，做出了跨文化相同和相异点的预测；Sweester（1987）亦通过哲学式的内省得出了"谎言"这一概念的认知模式。这一认知模式可以有效地印证Coleman&Kay（1981）的发现，后者的研究是设计多种多样的假设情境，来让受试者判断其中是否有谎言。

Fillmore（1982）认为客观主义语义学把"单身汉"定义为"未结婚的男子"并不能有效地解释人们何以通常不把未婚同居的男子、同性恋男子、离婚或丧偶的男性、出家男子，以及教皇、天主教神父等看作单身汉。他指出，理解"单身汉"一词需要一种认知模式。这种认知模式是理解"单身汉"一词的一系列基本命题；莱考夫（1987）探讨了"母亲"这一概念的认知模式。这一问题的提出源自人们在日常生活中的一些困惑。什么是"母亲"？我们如何定义"母亲"？比如，一个人生了我，但没有抚育我长大，我是否应该称呼其"母亲"？再比如，随着科学技术的发展，现代医学有了"代孕"一说。那么，究竟卵子提供者是"母亲"，还是十月怀胎孕育我们的人才是"母亲"？莱考夫充分考虑到了各种我们能够直接经验到的社会关系和生理、文化等因素，认为"母亲"的认知模式应当包括：

生殖模式（能生孩子）、遗传模式（提供一半基因）、养育模式（担当养育任务）、婚姻模式（是父亲的妻子）、谱系模式（是孩子最直接的女性长辈）。换言之，能同时满足这五种认知模式者才是一个最典型的"母亲"。生活中有不能满足其中一种或几种认知模式的情况存在，人类的语言也将种种情形加以区分，如汉语中"生母""继母""养母""代孕妈妈"等就是突显了某种模式而隐藏了其他几种模式；Taylor（1989）提出了理解"父亲"这一概念的五个认知域，包括遗传域、责任域、权威域、谱系域、婚姻域。Ungerer&Schmid（1996）的研究试图建构"沙滩"这一概念的认知模式，他们勾勒出的沙滩认知模式包括：游泳模式、日光浴模式、搭建沙滩城堡模式、野餐模式和沿海边沙滩散步模式。这五种模式完整地描述了理解"沙滩"这一概念需要的情景和语境。

从上述研究可以看出：第一，认知模式的研究并无统一的理论；第二，认知模式的研究并无统一的方法；第三，认知模式有诸多的表征样式。总的来说，"语言"在上述研究中都处于次要、辅助的地位，而本项研究正是从语言本体出发，借助隐喻分析，对认知模式进行探索，为认知模式的学术研究提供了一种新的方法。

1.2.2 基于概念隐喻的认知模式研究

概念隐喻蕴含在隐喻表达中。因此，基于概念隐喻的认知模式研究能够提升"语言"在认知模式研究中的地位。语言不再是独立于认知之外的客观存在物，语言就是探索认知最重要的线索。

在我们所掌握的相关文献中，情感类概念认知模式的研究最为充分、深入。研究者对人类主要通过概念隐喻来表达情感达成了共识（King 1989；Kövecses 1986，1990，2000，2002； 莱 考 夫 &Kövecses 1987；Matsuki 1995；Yu 1995）。其中，对"愤怒"这一概念认知模式的研究最多。

莱考夫&Kövecses（1987）收集了上百条关于愤怒的隐喻表达，这些隐喻表达可以归纳为一个概念隐喻：愤怒是充满了压力的容器。从这一概念隐喻中，两位研究者提炼出"愤怒"这一概念的认知模式。这一模式可以描述为一个多阶段的原型场景和范式场景：

冒犯事件→愤怒→尝试控制情绪→失去控制→报复行为（箭头既表示时间顺序，又表示因果关联）

莱考夫&Kövecses（1987）认为，不同的隐喻或转喻表达体现了这个模式的一部分，进而详细列举现实生活和这一认知模式可能出现的偏离，并逐一解释原因。学者们还研究了"愤怒"这一概念的认知模式跨文化的普遍性与差异性，如Matsuki（1995）指出，在日语里"尝试控制情绪"这一环节更为复杂；King（1989）指出，中国人对于"愤怒"的认知模式与上述模式在后两个环节略有差异。值得一提的是，莱考夫&Kövecses（1987）还尝试用传统的形式语义分析来印证自己归纳出的认知模式。虽然语义分析这一部分在该研究中所占比重极小，但用不同的方法对同一问题进行分析，观察研究结果能否互证，也为我们的研究提供了方法论意义上的借鉴。

此外，莱考夫（1996，2008，2012）最早从概念隐喻入手，分析美国政治的认知模式。他认为，"国家是家庭"这一概念隐喻是美国政治的核心。政府是家长，国民是孩子，国民之间是手足同胞。共和党的政治认知模式来自"国家是严父家庭"这一概念隐喻，"严父家庭"强调父亲的绝对权威，孩子对父亲的绝对服从，孩子的自律、独立与担当，在这样的认知模式指导下，政府鼓励个人追求个人利益最大化、鼓励自由竞争、奖励成功者、惩罚失败者。在一定时期和历史条件下，这一执政理念给美国社会带来了繁荣与活力；民主党的政治认知模式来自"国家是慈父家庭"这一概念隐喻，"慈父家庭"强调：父亲对子女的主要职责是抚育和保护，尽一切努力为孩子的自我发展提供保障和支持，使孩子从被关爱的家庭环境中逐渐成长为关爱他人、同情他人、拥有高度社会责任感的公民。在这样的认知模式指导下，政府的使命就是通过提供公共资源，保护每一个公民，并赋予他们平等的权利。可见，不同的概念隐喻蕴含着不同的认知模式，而不同的认知模式决定了政府不同的执政理念和政策。

和本项研究关系最为密切的是奎因（1987，1991）的一系列研究。她认为婚姻的认知模式来源于爱的认知模式。关于爱的认知模式，她溯源心理学中的依恋理论（attachment theory），认为婴儿与第一位看护者的互动体验形成了其对爱的认知模式。互动体验包括：婴儿依赖看护者给予的安全保障，婴儿往往有一些渴求需要立即被满足，婴儿需要看护者近距离的长久陪伴，等等。因此，爱的认知模式主要包括：满足对方的需求，彼此分享，长久共处。奎因认为，这样的认知模式在成人之间的亲密关系中被重新激活，图1.1可示人们对于爱与婚姻的认知模式与婴孩时期看护者的互动体验之间的关系。

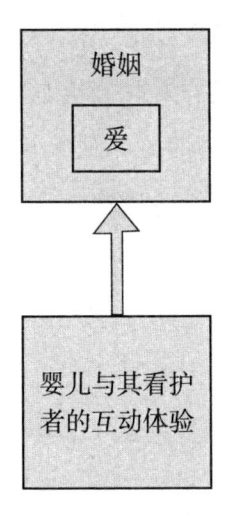

图 1.1 爱与婚姻认知模式的来源

对奎因关于婚姻认知模式的论述，笔者有两点质疑：第一，婚姻的认知模式果真来自爱的认知模式吗？不少学者（Kövecses 1988；Aksan&Kantar 2008；蓝纯、贾冬梅，2011）探讨了爱情的概念隐喻和认知模式，但笔者对婚姻是否共享所有爱的认知模式持怀疑态度。即便爱的认知模式包含在婚姻的认知模式里面，图1.1中婚姻超出爱的、那空白部分的认知模式又是什么？第二，爱情的认知模式果真来源于婴儿与看护者的互动体验吗？婴儿单方面接受看护、其需求被满足的体验，如何形成了"满足对方需求"的关于爱的认知模式？我们认为，虽然奎因注意到了认知模式的体验来源，但其对认知模式的建构还是基于人类学视角。奎因总结了四类婚姻概念隐喻，但她认为概念隐喻只是认知模式的反映，而非认知模式的来源。

1.2.3 婚姻概念隐喻研究

中、外都有探索婚姻概念隐喻的文献，但研究者们依据不同语料得出的结论并不相同。奎因（1987）采访了11对处于婚姻关系中的夫妇，收集了160余小时的语料，超过400句的隐喻表达，得出四类概念隐喻：婚姻是产品；婚姻是进行中的旅行；婚姻是两人之间持久的联系；婚姻是投资。Dunn（2004）以1990年到1994年东京地区五场日本婚礼招待会上的31段发言为语料来源，提炼出三类概念隐喻：婚姻是共同的创造；婚姻是身体的结合；婚姻是一场旅行。台湾学者Su（2002）以中央研究院词库小组350万字的语料库、台湾大学研究人员通过面对面会话、讲课、电台访问采集的口语语料库及字典例句为语料来源，获得了176处带有婚姻标记的句子，得出四类概念隐喻：婚姻是旅行；婚姻是生意；婚姻是赌博；婚姻是连接。近年来，陆续有一些大陆学者（雷春仪，2007；包芳，2010；赵爱萍、赵家娜，2012）试图研究婚姻概念隐喻，但大都凭借直觉，依赖网络、词典等随机语料，未对婚姻概念隐喻做系统分析，所得出的诸如"婚姻是菜""婚姻是茶"(雷春仪,2007;包芳,2010)等结论尚未令人信服。既有的婚姻隐喻研究,在同一文化中难以取得一致的研究结果,更无从谈及跨文化的对比。笔者认为,这主要是由以下几点原因造成的。

第一,研究思路的局限。现有研究普遍缺乏对婚姻概念隐喻映射机制与体验动因的探索。众多婚姻概念隐喻的来源域和"婚姻"这一目标域的映射是如何形成的?婚姻概念隐喻是否源自最基本的身体体验和社会、文化体验?婚姻概念隐喻是否具有心理真实性?笔者认为,只有更进一步探讨以上问题,对婚姻概念隐喻的映射机制和体验动因做出合理的解释,才能探得人们对婚姻认知思维的真相。

第二,研究方法的缺陷。首先,部分研究对语料来源考虑不周,如 Dunn(2004)利用的31段语料都来自婚礼上的发言,但这种语料在揭示日本人对于婚姻的普遍理解方面是有局限的:婚礼上的发言所表达的大多是对新人的祝福,对婚姻幸福美满的祈愿,并不能代表人们对婚姻的普遍理解。其次,对语料库的利用不当,如 Su(2002)的论文中,176处带有婚姻标记的句子相对于庞大的语料库(远超过350万字)实在显得太少,而在这176处有婚姻标记的句子中,只有27处(15.4%)运用了隐喻表达。一个可能的原因是:人们谈论婚姻时,尤其在日常谈话中,往往不会直接使用"婚姻"二字。因此,作者对语料库的利用很可能是不充分的,这也是依靠语料库的相关研究普遍存在的缺陷。再次,分类欠周。Su(2002)的研究中,"婚姻是赌博"及"婚姻是连接"两类概念隐喻,分别只有一处和两处隐喻表达做支撑,凭借少数例子,甚至是孤例就总结出一类婚姻概念隐喻,显得牵强。

第三,没有把作为整体的婚姻和作为人际关系的婚姻分开讨论。在日常生活中,人们有时把婚姻当作一个整体来谈论,有时则视婚姻为一种人际关系。因此,在探索婚姻概念隐喻时,把这两个方面揉合在一起不利于理解婚姻的本质，给研究造成了不必要的混乱。因此，在我们的研究中，将区分作为整体的婚姻和作为人际关系的婚姻。

第四，对婚姻概念隐喻仅有列举，没有分析。婚姻的隐喻表达从理论上说是无限的，经由不同的依据分类，得到不同的婚姻概念隐喻，并不足为奇。但表面不同的婚姻概念隐喻是否蕴含着相似甚至相同的东西呢？这就需要我们对所得概念隐喻进行一番分析了。

本节回顾了认知模式的研究、基于概念隐喻的认知模式研究与婚姻概念隐喻的相关研究。笔者认为，既有的婚姻概念隐喻研究难以达成一致结论的重要原因是没有将概念隐喻研究提升到认知模式的研究，而如能从婚姻概念隐喻中提炼出婚姻的认知模式，对婚姻概念隐喻的形成可以做出更好的解释，也能看出人类对婚姻认知和理解中最稳定、最具普遍性的部分。

1.3 研究问题

对于婚姻认知模式的探究可以在不同的时间和空间维度进行。人们可以探究当代人的婚姻认知模式，可以探究古人的认知模式，也可以探究认知模式在历时层面有哪些承继和变化。从空间维度上，人们可以探究一个文化共同体的认知模式，也可以探究其下各个次级文化共同体的认知模式。本项研究侧重当代人的婚姻认知模式，语料来自汉语和英语，因此，也是一项对比研究。

本书具体的研究问题如下：

（1）汉语和英语分别依靠哪些概念隐喻来建构"婚姻"这一概念？

（2）在汉语和英语就"婚姻"所建构的概念隐喻中，是否蕴含着某种统一、基本的认知模式？

1.4 本文的研究方法

对不自觉地运用某种认知模式的群体来说，认知模式经常是"透明的"（Hutchin 1980：12），个体一旦获得了某种认知模式，这种模式就成为个体观察世界的工具，而并非习得的目标。虽然特定文化群体的人对自己所拥有的认知模式不以为意，但对于研究者来说，研究认知模式的第一步就是方法论的问题：我们怎样、通过何种渠道才能重构特定文化群体并不显露在外的认知模式？语言是揭示认知模式的主要途径之一，如 Tyler（1969：14）所言"显然，我们对他族的心智密码兴趣颇深，可问题是，我们怎样才能推断心智的运作方式？至今，能够获悉其运作方式的最简单的手段就是通过语言了"。奎因（2005：4）也认为，在所有的文化产品中，人们所说的话对于显示其头脑中的认知模式并不是毫无问题的，但却是可被解码和利用的最重要、最完整的线索。然而，由于认知模式多从经验中获得，而经验常在非语言的情境中发生，因此，人脑中掌握的内容和实际说出的话语缺少同构性（isomorphism），所以，我们必须从语言提供的些许线索中重构认知模式。

正如我们在文献回顾中看到的，不少关于认知模式的研究利用了语言提供的线索，但不同研究对语言线索的利用却是不同的。本项研究不仅看重语言的"表象"，更试图透过语言的表象，窥见人类的思维结构。我们欲采用的隐喻分析，正是看中其作为一种有效手段重构认知模式的可能性。

"自上而下"的"整体论"和"自下而上"的"还原论"是认知科学的两大研究思路。在认知语言学研究中，"整体论"的研究是指通过对语言表象的内省构想人类认知系统的结构和功能特征，事实上，认知语言学上的诸多理论是基于内省得出的。对内省法的批评主要是：受个体差异影响较大，所得结果无法重复获得；与实证研究相比，内省法缺乏足够的信度和效度（Geeraerts 2006；Gibbs 2007）。神经语言学家 Lamb（2000）提出了著名的"牙膏问题"（toothpaste problem）：当我们在挤牙膏时，牙膏从圆柱形的管嘴里不断钻出，挤出的这部分牙膏是相当规则的，然而我们并不能根据这种"输出"来解释长达几米的圆柱形牙膏是如何在牙膏管中被存储的。

"还原论"主张把复杂事物还原为更为简单的行动主体或过程，以把握复杂的世界。例如，在物理学中，用原子层解释分子层现象，用分子层解释宏观物体的现象和系统问题等。这种分析的、数学化的研究方法在自然科学各门类中取得了辉煌成就。人文社会诸学科也纷纷仿效这种研究路子。但反对者认为，还原论的方法适用于无生命的系统，而对有生命的系统，无法自下而上彻底重构，因为较高层次的现象不可能溯因至较低层次。

笔者认为，自下而上的"还原论"和自上而下的"整体论"两种研究方法可以互为补充。一方面，认知语言学范式只是以体验哲学为哲学基础的对语言的各种解释性假说，尚未建立在认知心理学和认知神经科学的证据基础之上，或者说，还未得到这些硬科学的辩护或检验。认知语言学家如果要对语言寻求科学解释，就必须将语言研究融入认知科学研究的领域。事实上，得益于脑成像技术的迅猛发展，20世纪80年代早期事件相关电位（ERP）、80年代后期正电子扫描（PET）和90年代功能性磁共振成像（fMRI）等技术的应用，科学家对于人类认知的探索已经取得了丰硕的成果。另一方面，如果没有基于哲学思辨、内省以及对大量语料的概括分析，进而提出相应的认知心理的表征模型或假说，那么从脑成像设备获得的脑激活图便毫无意义，"就如同一张体检化验单对于一个毫无医学背景的人是毫无意义的一样。只有当医生综合他们的专业知识和临床经验对病人病情有一个大致推断（构造假设的过程），再基于医学监测设备获取的数据（验证假设的过程），才能确诊病因"（束定芳2013：330）。因此，认知神经科学虽然能为语言学研究提供科学证据，但不能取代语言学家提出假设和验证假设的综合研究。

就本项研究而言，莱考夫提出的"理念化认知模式"理论是我们基于概念隐喻构建认知模式的理论基础，是搭建认知模式与概念隐喻的桥梁。在研究的实际操作层面，我们将采用内省与还原相结合的方法。一方面，在分析婚姻概念隐喻时，我们把隐喻表达以句为单位，进行切分，将"词"这一级的语言隐喻进行科学分类，归纳概念隐喻；另一方面，我们将以 Grady 的基本隐喻理论和 Kövecses 的隐喻认知文化理论为指导，通过内省的方式，对概念隐喻作合理的分析，从中提炼出婚姻的认知模式。

1.5 研究意义与价值

本项研究的意义和价值主要有以下四点：

第一，通过婚姻认知模式的研究，探索文化关键词认知研究的新方法。"文化关键词就像浮在水面上的冰山的一角，透过它们可以发现整个隐藏的概念系统。"（束定芳，2002：5）以往对于认知模式的研究，多基于哲学式的内省，语言材料只是辅助的证据，但"婚姻"是一个复杂的文化概念，单纯基于内省很难得出这一概念的认知模式。本研究提升了"语言"本身的研究价值，从婚姻的隐喻表达中提炼出婚姻概念隐喻，进而提炼出婚姻的认知模式。笔者希望这一思路能为文化关键词认知模式的研究提供新的方法。

第二，进一步完善概念隐喻理论。自概念隐喻理论诞生之日起，许多学者从实际语言材料出发，证实了"我们的概念系统是隐喻的"这一革命性的假设。本研究对概念隐喻进行更深一层的挖掘，希望通过对认知模式的提炼，更恰当地阐释隐喻的发生机制、新奇隐喻产生的机制等涉及隐喻理论核心的问题。

第三，丰富文化概念的认知内涵。一个时代有一个时代的文化，服饰、器物、风俗、礼仪都是该时代文化的一部分，但一个时代的文化还有一个更重要的方面，就是人们共享的认知模式。就婚姻来说，区分我们这个时代与以往时代的，不仅仅是婚礼程序、婚礼服饰、婚礼风俗，更重要的是当代人对婚姻及婚姻关系的理解，"文化不是具体的人、事、行为、情感等等，而是把所有这些组织起来的东西。这种东西存在于人的头脑中，存在于帮助他们观察、组织、解释的模式中"（Goodenough 1957：167）。这种模式，就是本文要讨论的认知模式。婚姻的认知模式和种种其他认知模式，共同成了我们这个时代在历史坐标中的一个注脚。

第四，增强对于婚姻认知模式的跨文化理解。目前，美国是世界上最大的发达国家，中国是世界上最大的发展中国家。中美有着截然不同的历史背景和经济基础，在过去的半个世纪里，由于社会的变革，婚姻的面貌也发生了巨大的变化。此外，全球化将两个国家密切地联系在一起，这种联系不仅是物质上的互通有无，也是文化价值观的相互渗透。因此，对中美两国婚姻认知模式做对比研究，将有利于跨文化的沟通与理解。

1.6 本文的结构与框架

本书共分7章。第1章为绪论，介绍本文选题的依据、意义与价值，提出本文的研究问题及方法，回顾相关历史文献。第2章介绍了本项研究的学术背景。第3章介绍了语料收集与语料处理的方方面面。第4章回答了研究问题一，归纳了建构"婚姻"的概念隐喻，是全文的重点。第5章回答了研究问题二，以Grady的基本隐喻理论和Kövecses的隐喻认知文化理论为指导，从婚姻概念隐喻中提炼出婚姻的认知模式，并比较了汉语和英语思维中婚姻认知模式的异同，亦是全文的重点。第6章就研究结果展开讨论。最后一章是结论部分，总结本项研究的发现、创新与局限，以及对未来研究的展望。

第2章 本项研究的学术背景

隐喻研究和认知模式研究有着各自的历史。在很长一段历史时期内，隐喻研究属于修辞学的范畴，而认知模式的研究多在心理学领域开展。20世纪六七十年代，范畴观、哲学观、语言观的"认知转向"使隐喻研究得到了巨大的发展，从而给认知模式研究提供了新的视角。这两类原属不同领域的研究走到了一起。本章将首先回顾20世纪六七十年代发生在人文、社会科学领域的这场"认知转向"，然后评述在这一背景下隐喻研究取得的重大突破和相关理论，继而回顾认知模式的界定及一种重要的认知模式理论——理念化认知模型理论，最后探讨基于概念隐喻提炼认知模式的可能性。

2.1 20世纪六七十年代的认知转向

进入20世纪后半叶，在多个人文、社会科学领域，都悄然发生着认知转向，这种认知转向预示着研究范式的转变。本节将从范畴观、哲学观和语言观三个方面来回顾这一转向。

2.1.1 范畴观的认知转向

从古希腊亚里士多德到近代的维特根斯坦，经典范畴理论一直被大多数学科接受。在经典范畴理论看来：范畴划分由一组充分必要条件决定，范畴中的各个成员地位平等，范畴有明确的界限。这一理论符合一般人的直觉思维，生命力长达两千年之久。然而，20世纪中期，心理学和人类学等学科的研究不断发现，非此即彼的范畴观无法解释人类认知的复杂性，经典范畴理论受到了全面的挑战。

在 Rosch 提出"原型理论"（Prototype Theory）之前，Wittgenstein（1953）已经注意到了传统范畴理论的局限性，他通过对"游戏"这一概念的分析，认识到：在游戏这个范畴里，不存在一组特征为此范畴的每个成员共有。他进而提出"家族相似性理论"（Family Resemblance Theory）。此外，Zadeh（1965）提出"模糊集理论"（Fuzzy Set Theory），用这一理论解释了范畴边界的模糊现象，弥补了传统集理论的不足。

美国心理学家 Rosch 借鉴了这些观点，并通过对若干范畴的实证研究，提出了与传统范畴理论截然对立的原型理论。该理论认为：范畴内部的各个成员由"家族相似性"联系在一起，并非满足一组充分必要条件；范畴的边界具有模糊性，相邻的范畴互相渗透；范畴内的成员依据它们具有这个范畴所有特性的多寡，呈现不同的典型性，因此成员之间的地位不平等，有中心成员和边缘成员之分。

原型理论对语言多个层面的研究，如语音、形态、语义、语法等都产生了重要的影响。莱考夫&Johnson（1980）提出的"概念隐喻理论"无疑受到了"原型理论"的影响。我们将此放在2.2节详述。

2.1.2 哲学观的认知转向

20世纪初，哲学研究发生了一次根本性的转向，即哲学史上所谓的"语言学转向"。70年代后，随着认知科学的发展，越来越多的哲学家意识到，语言是心智活动的反映，语言问题的认知依赖于更为基本的心智问题的认知，心智哲学（philosophy of mind）应运而生。心智哲学以脑和心智为研究对象，探索认知的本源、本质、共性等。塞尔 和 莱考夫是心智哲学的代表人物。他们都认为，西方哲学史上将脑体（mind and body）二分的客观主义传统是错误的，需要将人的因素纳入哲学研究中来。两人都肯定"心智"是语言的基础，但在心智的来源上，塞尔更注重人脑的"意向功能"（intentionality），莱考夫更重视心智的体验性，并由此形成了他的体验哲学（Embodied Philosophy）。

2.1.3 语言学的认知转向

人类的语言为什么千差万别又异中有同？这是任何时代的语言学家都难以回避的问题。千百年来，语言学家从不同层面对语言进行翔实描写，试图发现普遍的规律。进入20世纪后半叶，随着认知科学的兴起，越来越多的语言工作者也从对语言的描写转向对语言背后人类思维机制的探索，他们试图回答：语言为什么是这个样子的？人的语言能力是怎么来的？语言的共性和人类的普遍认知是否存在联系？语言和思维、和最基本的身体体验有否关联？

乔姆斯基于1957年出版的《句法结构》标志着语言学的认知转向。以乔姆斯基为代表的生成语言学派和以莱考夫、Langacker为代表的认知语言学派是这场"语言学的认知转向"中最有影响力的两个语言学流派，虽然这两派的语言研究者对语言能力与人的一般认知能力的关系、句法的自足性等问题有着截然对立的假设，但他们都视语言为观察人类心智的窗口，共同目标都是借由语言研究，打开人脑中的"黑匣子"。20世纪后半期的这两个语言学流派对语言问题的探索具有开创性的贡献。

正是在范畴观、哲学观、语言观"认知转向"的大的背景下，隐喻研究在20世纪80年代取得重大突破，下面简单评介概念隐喻理论的基本观点和该理论后续的一些发展。

2.2 认知转向下的隐喻研究

在20世纪六七十年代"认知"转向的大背景下，隐喻研究获得了前所未有的发展。

长久以来，人们把语言分为直陈的（literal）与修辞的（figurative）。隐喻归在修辞一类。隐喻，也称"暗喻"。当"本体"和"喻体"同时出现，而不言明"本体"与所喻对象的关系时，就是在使用隐喻。正是有了这样的区分，人们普遍认为：所有日常的、常规的语言都是直陈的，而非隐喻的；所有事物都可以直陈地理解，而并非要借助隐喻来理解；只有直陈的语言才有真假之分；下定义使用的语言是直陈的，而非隐喻的。

1980年，莱考夫与Johnson合著的《我们赖以生存的隐喻》一书，促使人们重新思考隐喻在人类语言、思维与行为中的作用。作者指出："多数人认为平常过日子并不需要隐喻，我们的发现恰恰相反，隐喻在日常生活中普遍存在，遍布语言、思维与行为中，几乎无处不在。我们用以思维与行为的日常概念系统，其本质是隐喻性的。"（莱考夫 & Johnson 1980：3）这个革命性提法的本质是：隐喻是思维层面的问题，而不仅仅是语言表达层面的问题。

什么是隐喻？通俗地说，隐喻借由一类事物去理解并体验另一类事物（莱考夫 &Johnson 1980：5）。莱考夫（1993：203）给隐喻下了更为学术的定义："隐喻是从一个具体的概念域向一个抽象的概念域的系统映射。"隐喻表达（metaphorical expression）是这种跨域映射的表层体现，可以是词、短语，也可以是句子。

莱考夫将隐喻的本质归纳为：隐喻是我们用来理解抽象概念，进行抽象推理的主要机制。隐喻从根本上是概念性的，而不是语言层面的。此外，他用"恒定原则"（The Invariance Principle）解释了隐喻的映射机制[①]："隐喻映射遵循恒定原则：来源域的意象图式结构以与目标域内在结构一致的方式投射到目标域。"（莱考夫 1993：244）

概念隐喻理论在过去的30余年中受到了很多的挑战。学者们对这一理论的批评主要集中在以下四个方面。第一，概念隐喻理论没有对隐喻的体验动因做出系统的解释；第二，概念隐喻理论没有对隐喻的映射机制做出系统的解释；第三，概念隐喻理论没有对隐喻在文化间的普遍性和差异性做出系统的解释；第四，隐喻分析没有科学的分析方法。在质疑与批评的同时，很多学者（Gibbs 2008；Kövecses 2002，2005；Ortony 1993）尝试完善该理论，对概念隐喻理论的一些核心问题做更进一步的解释。还有一些学者对隐喻的工作机制提出了截然不同的假设，如 Fauconnier&Turner （2002）的概念整合理论（Conceptual Blending Theory），Grady（1997b）的基本隐喻理论（Primary Metaphor Theory）。此外，还有一些学者专门解决隐喻研究的方法论问题，如 Pragglejaz Group[②]。

在众多对该理论改进、完善与修正的尝试中，我们认为，Grady 的基本隐喻理论对隐喻的映射机制和体验动因做了较好的解释，Kövecses 的认知—文化视角较好地说明了隐喻的普遍性与差异性，Pragglejaz Group 给出了确定隐喻表达的有效方法。因此，我们在后文对语料的分析将主要

[①] 英文原文为：Metaphorical mappings obey the Invariance Principle: The image-schema structure of the source domain is projected onto the target domain in a way that is consistent with inherent target domain structure.

[②] 这个小组的主要成员有：Peter Crisp（香港中文大学）、Raymond Gibbs（加州大学圣塔克鲁斯分校）、Alice Deignan（利兹大学）、Graham Low（约克大学）、Gerard Steen（阿姆斯特丹自由大学）、Lynne Cameron（利兹大学/开放大学）、Elena Semino（兰卡斯特大学）、Joe Grady（《文化逻辑》杂志）、Alan Cienki（艾莫瑞大学）、Zoltán Kövecses（厄特沃什·罗兰大学），Pragglejaz 是小组各成员名字的首字母的合写。

以 Grady、Kövecses 和 Pragglejaz Group 的主要观点和方法为依据。本节将综合评述 Grady 的基本隐喻理论和 Kövecses 的认知—文化视角。Pragglejaz Group 介绍的研究方法放在第三章详述。

Grady（1997b）在他的博士论文中提出了"基本隐喻理论"。在他看来，概念隐喻不是两个知识域的映射或部分映射，也不是从低层级的、简单的、熟悉的概念到高层级的、复杂的、不熟悉的概念的映射，而是不同类型的两种最基本经验的映射。因此，他没有使用"来源域""目标域"这样的概念，而使用了"基本来源概念"（primary source concepts）和"基本目标概念"（primary target concepts）。

基本来源概念指的是一类普世的、和我们感知经验的某一方面有密切关联的概念（Grady 1997b：151）。基本来源概念有形象内涵、和目标有关的场景密切相关，如描述物体特性的概念（重、黑暗）、描述物体之间关系的概念（近、附着、包含）或是有物体参与的动作概念（吞、举）等。

基本目标概念指的是我们认知机制最基本的一些方面，如欲望、愤怒或对数量和相似的一些基本判断（Grady 1997b：134）。基本目标概念不和直接的感知经验相联系，缺少形象内容。它是对感知经验的一种主观的、心智上的反应（如判断、评价、评估、推断），比基本来源概念更加主观，但并不陌生、困难、复杂。儿童认知研究、神经学、动物行为学等实证研究（Lashley&Marshall 1946；Oakes&Cohen 1990）已证实了诸如相似性、存在、因果、变化等概念范畴并非由更高级的智力建构，它们可以直接进入我们的认知体验，是我们行为的驱动力。

此外，基本来源概念和基本目标概念都和主要场景（primary scenes）密切相连，当基于我们动态体验的场景反复出现时，概念之间就形成牢固的认知结构。

基本来源概念和基本目标概念在反复的体验中建立了对应关系，构成了基本隐喻（primary metaphor）。基本隐喻是基本隐喻理论的核心。基本隐喻和复杂隐喻（complex metaphor）相对，是有直接的经验基础，具有高度预测性的隐喻，而复杂隐喻是基本隐喻的合成。

Grady 的基本隐喻理论虽然也只是解释隐喻工作机制的一种解说，但这一理论对映射机制、体验动因等问题都做出了较好的回答。我们在分析关于婚姻的概念隐喻时，将主要应用这一理论。

Grady 的基本隐喻理论对于解释和感知体验直接相关的概念隐喻是非常有效的，但并非所有的概念隐喻都和人的感知经验直接相关，如 Gibbs（1999）认为，涉身隐喻不仅来自我们的身体，也来自身体和外部环境的接触，这种接触很大程度上融入了文化世界。Frank et al.（2008）也认为，人们只强调了普世的、基于身体的体验，而没有说明身体与环境的互动。人们只看到了作为自然人的涉身性，而没有看到作为社会人的涉身性。Kövecses（2008）也指出，在说明隐喻的涉身性（embodiment）时，我们强调了概念隐喻普遍的、机械的、统一的一面，而没有解释清楚其非普遍、非机械、有区别的一面。总的来说，基本隐喻理论很好地解释了某些概念隐喻，但对于概念隐喻跨文化的差异和历时的变化，解释力显得不足。

事实上，莱考夫早已注意到了隐喻同社会、文化的关联。他对"涉身"一词的解释是"我们全部的生理能力以及我们在所处的环境中运转的身体和社会经验"（莱考夫 1987：267），只是他本人在提出概念隐喻理论后，没有继续探索概念隐喻在文化、社会影响下的变异性，而是逐渐转向隐喻的神经理论。

Kövecses 弥补了这一不足。他（2004，2005，2008）在一系列著作中提出了隐喻的认知文化观（Cognitive-Cultural Approach），这是对隐喻体验观的一种必要补充。Kövecses 的隐喻认知文化观认为，身体经验、社会文化经验、认知偏好和风格这三大系统可以有力地解释隐喻的普遍性和差异性。

Kövecses（2005：285-294）认为，身体经验是人物理层面的经验，包括生理的、结构的、动觉的、感官的经验。社会文化经验主要来自我们所处的语境（包括物理环境、社会语境、文化语境、交际情景）、记忆（社会历史记忆，个人历史记忆）、关注的兴趣点（社会关注的兴趣点、个人关注的兴趣点）等。例如，Hiraga（1991）的研究发现：在日本，女性经常被隐喻为商品，而失去处女身的女性被隐喻为污损的商品，描述男性时则没有类似的隐喻，这表明了社会语境中权力分配的影响；Boers&Demecheleer（1997）的研究发现：英语比法语中有更多的关于"帽子"和"船"的隐喻习语，法语比英语有更多关于"袖子"和"食物"的隐喻习语，这体现了文化语境对隐喻思维的影响；Boers（1999）的研究以"经济是健康"这一隐喻为例，讨论了在特定的环境下，人们谈论经济时是否会更多地使用"健康"这一来源域。他对连续10年的《经济学家》杂志做了分析，发现人们在冬天对自身的健康状况更为关注，因此更多地使用"经济是健康"这一隐喻；Köves（引自Kövecses 2005：241）的研究表明，在生命隐喻上，匈牙利人更多地使用"人生是战争"和"人生是妥协"两个隐喻，而美国人更多地使用"人生是珍贵的拥有物"和"人生是游戏"两个隐喻，这表明了社会历史记忆对人们隐喻思维的影响；McMullen&Conway（2002）的研究发现，患抑郁症的患者会使用"悲伤是捕获者"这一隐喻，而非抑郁症患者不会用捕获者来理解悲伤，这表明了社会关注的兴趣点对隐喻思维的影响。

此外，隐喻的普遍性和差异性还和认知偏好和风格有关，主要包括：体验焦点、视角偏好、意义聚焦点。第一，体验焦点（experiential focus），来自不同文化的人在体验同一事物时，可能运用不同的身体感知能力，如西方人用"热"（heat）而中国人用"气"去建构"愤怒"这一概念，这意味着来自不同文化的人可能会依赖生理特征的不同方面建构同一概念。第二，视角偏好（viewpoint preference），正如有人把树对着自己的一面看作树的正面，有人把背对自己的一面看作树的正面，对待同一事物的不同认知视角可能造成了隐喻思维的差别。第三，不同典型（prototype）或框架（frame）产生了不同的主题（major theme）或主要意义焦点（main meaning focus）。意义焦点是非常重要的一个概念，对此，Kövecses 是这样解释的：

每一个来源域都和一个特定的意义焦点相联系，这一意义焦点映射到目标域上。在一个言语社区内，这个意义焦点通常是确定的，为社区成员的认知广泛共享。这个意义焦点对于来源域的大多成员都是典型的，是此来源域的显著特征。目标域承继了来源域的意义焦点[①]。（Kövecses 2002：110）

这三大系统，身体经验、社会文化经验、认知偏好和风格之间是什么样的关系？隐喻的认知文化理论认为，身体经验为概念隐喻的产生提供了可能，基于身体经验的概念隐喻和人们的体验焦点密切相关。关于身体经验和社会文化经验的关系，Yu（2008：247）认为，身体经验是产生普遍隐喻的来源，但文化像一个过滤器，选择感觉动觉经验的一些方面。隐喻根植于身体，但由文化塑造。也就是说，身体体验虽然具有普遍性，但不会机械、自动地导致隐喻的出现，而是为通过隐喻塑造概念提供一个可能。

此外，当三大系统内部或三大系统之间不能协调一致时，会出现覆盖与被覆盖的情况。Kövecses 以"我们的恐惧被恐怖主义点燃了"这一表达包含的两个基于身体经验的概念隐喻："恐惧是冷"和"强度是热"为例，认为前一概念隐喻被后一概念隐喻覆盖了，所以才有"恐惧被点燃"这一

[①] 英文原文为：Each source is associated with a particular meaning focus (or foci) that is (or are) mapped onto the target. This meaning focus is conventionally fixed and agreed-on within a speech community; it is typical of most cases of the source; and it is characteristic of the source only. The target inherits the main meaning focus (or foci) of the source.

看似矛盾的表达。此外，社会文化经验可能会覆盖身体经验，Kövecses 以总统性丑闻在法国和美国引起的不同反响为例，试图说明，基于共同的身体经验的概念隐喻可能会被不同的社会文化经验强化或削弱。

总的来说，Kövecses 的认知文化视角沿袭了概念隐喻理论的基本假设，但对隐喻的普遍性和差异性做了充分的解释，解决了概念隐喻理论的一些弱点。

2.3 认知模式

2.3.1 认知模式的界定

认知模式不是一个新鲜的概念，也不唯语言学研究独享。历史上早有学者用"图式"（schema）、"框架"（frame）、"脚本"（script）等概念描述和解释知识的组织和存储。这些概念和我们本文探讨的认知模式在内涵上有相似之处，我们先略做回顾。

20世纪30年代，英国心理学家 Bartlett 在其著作中提出了图式理论（Schema Theory），认为图式是"每个人过去获得的知识在头脑中储存的方式，是大脑对过去经验的反应或积极组织"（Bartlett 1932：201）。美国人工智能专家 Rumelhart（1980）完善了图式理论，他把图式解释为以等级层次形式储存于长期记忆中的一组"相互作用的知识结构"或"构成认知能力的建筑砌块"。Mandler（1984：55-56）给图式下了定义，图式就是"一个有界限的，显著的，单一的心智表征"。

享有"人工智能之父"之称的 Minsky（1975）首创框架理论（Frame Theory），他把框架定义为"储存在记忆中的、表征特定情景的信息结构，是含有若干节点和联接的网络系统，人们可从记忆中随时调出框架中的信息作为背景知识来理解新的情景和语句"（Minsky 1975：23）。Fillmore

(1975)将"框架"这一概念引入语言学研究,提出了场景—框架范式,为语言的意义研究提供了新的思路。在 Fillmore 看来,框架是"具体的、统一的知识构架或经验的整体图式化"(Fillmore 1985:223)。

Schank&Abelson 提出了"脚本"(script)这一概念,脚本是"人们熟悉的事件发生的典型顺序"(Schank&Abelson 1977:41)。在人工智能领域,他们希望计算机能够掌握人脑拥有的脚本。

莱考夫基于"图式""框架""脚本"等概念,在专著《女人、火与危险的事物:范畴所揭示之心智的奥秘》一书中,提出了认知模式(cognitive model)的观点,但通览全书,我们难以找到给"认知模式"明确定义之处。最接近下定义的一处,是作者指出"认知模式组织思维,并且被用于范畴的构建和推理"[①](莱考夫 1987:13)。之后陆续有学者给"认知模式"下了明确的定义,如认知模式是"储存在我们头脑中的关于特定认知对象的所有认知表征"(Ungerer&Schmid 2001:47);是"人类关于客观世界知识的心理构建。这种心理构建往往是模式化的,反映出以特定而固化的方式勾勒客观现象,表现出一种理想化了的思维定势"(王文斌、姚俊 2004:37);是"人们在认知事物、理解世界过程中所形成的相对定型的心智结构,是组织和表征知识的模式,由概念及概念间相对固定的联系构成"(王寅 2007:171)。

莱考夫(1987:13/153/154)认为,认知模式主要有以下几个特征:第一,认知模式的内容和人的身体体验相关;第二,认识模式以格式塔的方式建构,其功能要大于各组成部分之和;第三,认知模式具有内在性,与头脑中范畴的建构及思维的形成密不可分。Ungerer&Schmid(2001:45-49)又补充了认知模式的四个特征:开放性、选择性、关联性、普遍性。

---

① 英文原文为:Cognitive models structure thoughts and are used in forming categories and in reasoning.

开放性指人们无法穷尽一个事物的所有认知模式，事物的认知模式也会随着人类知识的发展不断增加；选择性是指人们从开放的要素里不断做出典型的选择；关联性是认知模式的各个成分互相关联；普遍性是指我们必然会受到认知模式的影响，在无意识中利用头脑中的认知模式理解意义、认知世界。

人类学家 Tyler（1969）、D'Andrade（1984）、Holland&Debra（1987）、奎因（2005）等对认知模式的见解丰富了认知模式的内涵，但人类学家更倾向于使用"文化模式"这一概念。关于这两者的区别，Ungerer 和 Schmid 有精彩的论述：

> 某一具体领域的认知模式依赖于文化模式，反过来，文化模式是一个社会群体或次级社会群体共享的一种认知模式。本质上，认知模式和文化模式就像一枚硬币的两面。认知模式这一术语强调认知实体的心理本质，而文化模式这一术语强调群体共享的、统一的一面。尽管认知模式属于认知语言学和心理语言学的范畴，而文化模式属于社会语言学和人类语言学的范畴。这些领域的研究者需要清楚研究对象的这两个层面。（Ungerer&Schmid 2001：50）

人类学者关于认知模式的论述突出了认知模式的文化属性，如 D'Andrade（1984）认为，文化模式可以看作一个信息存储系统，它的作用相当于细胞 DNA。对个体的细胞来讲，DNA 可以提供自我调节和成长所需要的信息。同样地，对于人类来讲，文化模式可以指导人们如何在一种环境下生活，恰当地行使自己的社会角色。Tyler（1969）反对文化模式的指导性，他认为文化模式就像语言中的语法，语法并不能预测人们在一个指定的情境下会说什么，因为人们不总是按他们的文化模式去行事。奎因（2005）认为，文化模式不能简单地和人类行为画等号，文化模式也并不是行为的唯一决定因素，但文化模式确实和我们的行为息息相关，可以建构我们的经验，解释我们的经验和目标，文化模式具有可接近性（accessibility）。此外，Holland 和 Debra（1987）提出文化模式的惰性（inertia），虽然人们共享的文化模式极大地便利了交流，但这种便利也有相应的代价：当人们谈论一件不遵循既有文化模式的事情时，交流将变得困难。D'Andrade 还提出了文化模式的嵌合性（nestedness），即一种文化模式很可能是另一文化模式的一部分："一个人很难了解一个文化中所有的文化模式，但想要了解一种文化，人们至少要知道那些广泛被包含在其他模式中的模式。"（D'Andrade 1987：113）

对于认知模式文化属性的探讨，为我们后文分析汉、英思维中认知模式差异提供了理论依据。认知模式不独为单个人享有，又非全人类共享，而是为一个特定的社会群体共享。

2.3.2 认知模式理论

在对认知模式的探讨中，学者们陆续提出了各种各样的认知模式理论，意在对范畴结构、知识的组织和存储做出科学合理的解释，如框架理论、脚本理论、图式理论，等等。莱考夫广泛吸收了各种理论的精华，在《女人、火与危险的事物：范畴所揭示之心智的奥秘》一书中，提出了自己的认知模式理论——理念化认知模式。这一理论在认知语言学领域有较大的影响力，反映了人对世界某一范畴的概念化，"比框架理论、图式理论、脚本理论所包含的内容更为丰富，所以也更加具有解释力"（王寅 2005：17），是本研究基于概念隐喻建构婚姻认知模式的理论基础。我们在本节对该理论做一详细说明。

"理念化认知模式"中"理念化"的内涵是：理念化认知模式不是科学模型，因此与真实客观世界中对应实体的吻合有程度上的差别。因此，理念化认知模式具有原型结构性，每一个理念化认知模式都是"一个结构复杂的感知整体，也就是完形"[①]（莱考夫 1987：68）。

莱考夫认为，理念化认知模式的构建包括以下四种类型：命题模式、意象图式模式、隐喻模式和转喻模式（莱考夫 1987：68）。命题模式是人们对各种实体、特性及相互间关系的一种认知。人类的知识结构不少都是以命题模式的形式组织和存储的。意象图式模式是在肉身体验的基础上形成的基本的、抽象的认知结构。隐喻模式是一个命题或意象图式从一个概念域向另一个概念域的投射。转喻模式是将同一概念域中容易理解感知的部分投射到整体或整体的其他部分（莱考夫 1987：114）。其中，命题模式和意象图式描述了认知结构，是隐喻模式和转喻模式的基础。隐喻模式和转喻模式是认知的扩展机制。

不少学者运用理念化认知模式，分析了语言的方方面面，如熊学亮（2001）用理念化认知模式分析了汉语第一人称零主语的现象；熊学亮、王志军（2002）分析了英汉语的被动句；王文斌、姚俊（2004）对比了汉英隐喻习语的理念化认知模式；刘正光、刘润清（2004）探讨了 N+N 概念合成名词的认知发生机制；王寅（2005）利用这一理论论述了语篇的连贯性。

2.3.3 术语的选择

"认知模式"与"理念化认知模式"是本节比较重要的两个概念。这两个概念均由西方学者首先提出，在译介到我国的过程中，出现了不同的

[①] 英文原文为：Each ICM is a complex structured whole, a gestalt.

翻译，本节将对术语的选择做出说明。

第一，关于"认知模式"与"认知模型"的选择。模式和模型是近义词，细微的区别是：模型侧重"依照实物的形状和结构按比例制成的物品"，有刻意塑造的意味，而模式侧重"某种事物的标准或使人可以照着做的标准样式"，给人的感觉是内嵌的。本文探讨的正是一种内嵌于思维的、看不见也摸不着的东西，故用"模式"一词更为妥当。

第二，关于"理念化认知模式"与"理想化认知模式"的选择。"理念化"和"理想化"都表征人脑对客观世界所做出的理解的方式。相较而言，"理念化"更能突出认知模式作为一种思维定式的相对稳定性、抽象性和内在性。而汉语中的"理想化"一词往往带有"与现实背离"的意味，难以表达这一理论中认知模式的产生源于体验、源于与世界互动的特点，故用"理念化"这一表达更为妥当。

2.4 认知模式与概念隐喻的关系

认知模式和概念隐喻原本毫无交集，莱考夫提出的理念化认知模式理论将两者联系到了一起，是构建两者关系的理论桥梁。莱考夫认为，概念隐喻是认知模式的重要建构原则（structuring principle）。我们应该怎么理解"建构原则"呢？对这一问题，笔者有以下几点思考。

第一，概念隐喻是认知模式的来源，但又不等同于认知模式。概念隐喻是建构范畴的一种方式，但概念隐喻的得出很可能因研究者的分类依据不同而有所差异。相对而言，认知模式是一种相对定型的心智结构，更具稳定性和共享性，就"婚姻"这个具体范畴而言，同一婚姻认知模式完全有可能由不同的婚姻概念隐喻来建构，因此，探讨婚姻的认知模式能更有力地说明某一特定文化群体对"婚姻"共享的认知和理解。

第二，概念隐喻参与了认知模式的建构，对基于特定分类依据得出的概念隐喻作科学分析，可以提炼出认知模式。以"婚姻"这一范畴为例，对婚姻认知模式的提炼，可以更好地解释婚姻概念隐喻缘何产生。

概念隐喻建构了认知模式，已成为多数语言学者的共识，但也有其他领域的学者对这一点提出质疑。以奎因为代表的一些人类学家认为，概念隐喻并非构建了认知模式，而只是反映了认知模式。他们认为：认知模式是从体验中获得的，虽然概念隐喻在我们对复杂概念进行理解和推断时起了一定的作用，但不能说概念隐喻建构了这些复杂的概念范畴，更不能说概念隐喻建构了我们对于事物的认知。

Kövecses 对这两种观点做了详细的阐述。一方面，他坚定地站在建构论的立场，通过对"愤怒""抽象系统"等抽象概念的分析说明，人们的基本经验无法赋予抽象概念以内容和结构，抽象概念的内容和结构是通过基于经验的隐喻建构的。他同时认为，反映论也有一定的道理。许多抽象概念虽由隐喻定义和建构，但这种建构在无意识中、没有花费我们认知的力气就完成了，他（2005：224）用"超个体层面的概念化"（supraindividual level of conceptualization）这一术语来描述这种无意识的、自动化的建构。他认为，在真实话语中，有时我们可能不会使用直接建构了某一概念隐喻的表达，而会选择基于既有概念隐喻的新奇表达。

在概念隐喻和认知模式的关系这一问题上，笔者认为，建构论比反映论更令人信服。在真实话语中，我们并非不会使用直接建构了某一概念隐喻的表达，只是这样的表达已成为我们俗常话语的一部分，不易察觉。我们头脑中的认知模式有着自己的内容和结构，它来自我们的体验，但其丰富的内容和严密的结构远非体验本身能够赋予。当我们将隐喻看作一种认知手段时，从隐喻中提炼认知模式是一个可行的选择。

2.5 本章小结

本章介绍了本项研究的学术背景。隐喻研究和认知模式研究原本在两个不相关的领域，但20世纪六七十年代人文、社会科学的认知转向使认知模式的探究有了新的手段和方法。我们先从范畴观、哲学观、语言观三个层面回顾了这场认知转向和其带动的隐喻研究的巨大变革，继而对本文最重要的概念——认知模式做了较为清晰的界定，介绍了在认知语言学界有重要影响的一种认知模式理论——理念化认知模式理论。最后，我们探讨了认知模式和概念隐喻的关系，也对学者们在这一问题上的分歧做了说明。

第3章 语料收集与语料处理

3.1 语料收集

如前所述，人们描述、谈论婚姻时往往并不直接使用"婚姻"二字。因此，把"婚姻"一词作为关键词在大规模语料库中检索并非最佳方法，而自然语境下的婚姻语料又极难获得。因此，本研究将从实地访谈、情感专栏、影视与文学作品中收集与婚姻有关的语料，从这些语料中提取和婚姻直接相关的隐喻表达。本研究虽没有利用现成的语料库，但搜索语料的过程实际上是自建了一个小型的语料库。我们选择的语料将兼顾口语和书面语。汉语和英语语料的总量力求相等。

3.1.1 访谈

笔者实地采访了12位美国人和12位中国人。12位中国人目前都在北京工作，但绝大多数是由外省迁居至此，受访者的基本情况见表3.1。12位美国人目前都是加利福尼亚州的居民，但绝大多数也是由其他州迁居至此，受访者的基本情况见表3.2。为了保护受访者的隐私，我们用Chi01~Chi12对中文受访者进行编号，用Eng01~Eng12对英文受访者进行编号。

关于采访的样本量，在不同的学科，甚至在同一学科的不同研究领域，有着截然不同的专业共识。就认知模式而言，多少样本量能代表一种文化共识，学者们并未达成一致意见。D'Andrade（2005）认为，一些文化概念具有较高的认知一致性指数，epc 性别、阶层、种族、区域的影响不大。婚姻即属于这样的文化概念。

即便如此，在选择受访者时，笔者还是考虑到了可能影响婚姻认知模式的众多变量，希望访谈能最大程度地涵盖不同类型的受访者。本研究在选取受访者时，考虑了受访者婚姻状况、年龄、婚龄、出生地的差异。此外，根据中美文化的不同特点，在选取中文受访者时，我们考虑了受访者户籍和教育程度的差异；在选取英文受访者时，我们考虑了受访者宗教信仰和种族的差异。虽然我们采访所得的语料难以在人口学的意义上代表两种复杂多元的文化群体，但已最大程度避免了采访语料只能代表某一次级文化群体（如年轻西班牙裔低收入群体）的可能。

在采访人数的选择方面，鉴于采访的话题具有相当的私密性，笔者认为大规模的随机采访难以使访谈走向深入，会使研究质量大打折扣。因此，与受访者建立充分的信任，营造受访者可以充分思考、自由表达的访谈氛围是采访能否达到预期目的的关键。因此，我们选取的受访者，人数虽然不多，但采访均比较深入，取得了预期的效果。

访谈采用半结构式。笔者预先设计了一些问题，这些问题都紧紧围绕婚姻话题展开（见附录Ⅰ）。但在实际采访过程中，笔者并没有严格按照采访提纲上的顺序，和受访者进行一问一答式的互动，而是试图和受访者形成交流，并确保交流中一直能围绕着婚姻这个主题。对每位受访者的采访，依据其意愿，分2至3次进行，每次45分钟至60分钟。在获得受访者同意的前提下，我们用录音笔对访谈进行全程录音。

表 3.1 中文受访者基本情况

中文受访者	婚姻状况	年龄	婚龄	出生地	教育程度	户籍
Chi01	已婚	27	2	湖北	大学	城市
Chi02	已婚	27	4	北京	大学	城市
Chi03	已婚	33	5	河南	大学	农村—城市
Chi04	已婚	38	7	安徽	大学	农村—城市
Chi05	已婚	37	11	新疆	大学	农村—城市
Chi06	已婚	43	19	河北	大学	农村—城市
Chi07	已婚	42	22	北京	中学	农村
Chi08	已婚	55	30	安徽	小学	农村
Chi09	已婚	74	46	辽宁	大学	城市
Chi10	离异	39	11	陕西	大学	城市
Chi11	离异	31	3	浙江	中学	农村—城市
Chi12	离异—再婚	55	15—2	云南	大学	城市

表 3.2 英文受访者基本情况

英文受访者	婚姻状况	年龄	婚龄	宗教信仰	种族	出生地
Eng01	已婚	27	2	基督教	亚裔	加利福尼亚
Eng02	已婚	28	5	无	白	阿肯萨
Eng03	已婚	33	4	无	白	俄勒冈
Eng04	已婚	35	7	基督教	黑	纽约
Eng05	已婚	43	10	天主教	白	北卡罗来纳
Eng06	已婚	48	21	天主教	白	科罗拉多
Eng07	已婚	56	33	基督教	西裔	纽约
Eng08	已婚	69	46	基督教	黑	俄勒冈
Eng09	已婚	75	46	无	白	新泽西
Eng10	离异	34	9	犹太教	白	加利福尼亚
Eng11	离异	48	12	基督教	白	内华达
Eng12	离异—再婚	37	5—2	基督教	白	新泽西

3.1.2 情感专栏

情感专栏是窥探婚姻中人们精神世界的一个有效途径。我们选取了中文知名情感专栏"我爱问连岳"2013年8月—2013年12月的提问及回答共26篇。"我爱问连岳"最早是连岳在杂志《上海壹周》《希望》上开设的情感问答专栏，后来他在"网易"上开设了同名专栏，本文所选取的相关语料全部来自这个网络专栏。

我们同时选择了英文知名情感专栏 Dear Abby 2013年1月—2014年2月的提问及问答共26篇。Dear Abby 是美国广为人知的一个知名情感专栏，负责人是 Pauline Phillips，她于2013年年初去世。Dear Abby 这个专栏现由她的女儿负责。这个专栏中，读者提问的问题包罗万象，我们择取其中和婚姻，尤其是和夫妻关系有关的语料。

3.1.3 影视作品

婚姻是影视作品里的一个常见主题。我们选取的中文影视作品是《非诚勿扰2》及《婚姻保卫战》；英文影视作品是《消防员》（Fireproof）及《摩登家庭》（Modern Family）。

《非诚勿扰2》是2010年上映的一部中文电影。影片中男主角秦奋和女主角笑笑"试婚"、香山和芒果的离婚、香山的人生告别会等桥段中均涉及对婚姻的认识。《婚姻保卫战》共33集，是2010年大陆上映的一部电视剧，讲述的是不同类型的三对夫妻婚姻中的故事。三对夫妻包括典型的中产阶级家庭，老夫少妻家庭和女主外男主内的新型家庭，很好地体现了中国日渐多元的家庭类型。

《消防员》是2008年美国上映的一部关于中年人婚姻的电影。男主人公卡雷（Caleb）是一名消防员，女主人公凯特（Catherine）是医院的公关主任，两人在事业上都小有成就，但结婚25年来，不断的争吵使两人走向了离婚的边缘。男主人公的爸爸送给了男主人公一本笔记本，要儿子按上面的指示为挽救婚姻做最后的努力，男主人公虽历经坎坷，终于用真诚和爱挽回了去意已决的妻子。《摩登家庭》是一部情景喜剧，2009年上映，至今已出品100余集。本研究选取第一季，共24集。整部连续剧采用了"伪纪录片"的拍摄形式，讲述了三个家庭的日常生活和情感世界。三个家庭有典型的中产阶级家庭，也有同性恋家庭和老夫少妻式家庭，很好地体现了美国多元的婚姻形态。

3.1.4 文学作品

文学作品也是本研究"婚姻"语料的一部分。我们选择了中、英文文学作品各若干篇，既包括当代较为知名作家的作品，也包括普通人撰写的有一定文学性的作品。（详见附录Ⅱ）

四种来源的语料总量见下表。

表 3.3　不同来源的语料统计

语料来源	统计	
访谈	汉语：215352 字	英语：200712 词
情感信箱	汉语：19930 字	英语：18288 词
影视作品	汉语：9520 字	英语：7006 词
文学作品	汉语：18966 字	英语：19720 词

3.2 语料处理

3.2.1 口语语料的转写

转写是将声音转成相应的文本。我们将汉语和英语的采访录音，利用f4软件进行转写，对语料（尤其是英语语料）中不能辨识的部分与受访者进行确认。对于影视作品这部分口语语料，只转写了和描述、谈论婚姻相关的部分，没有进行全剧的转写。

3.2.2 隐喻表达的判定

概念隐喻不仅体现在语言表达中，在语言之外的声音、图像等多种媒介中都有体现。虽然在采访、影视作品中，受访者或演员的非言语活动（如手势）中也蕴含着不少与婚姻相关的隐喻表达，但我们暂不将这部分纳入研究的范畴（第六章讨论部分会提及），因此，本节中关于隐喻表达的判定专指语言层面的判定。

隐喻的判定一直是隐喻研究的一个难点。隐喻判定大体上分为人工识别与隐喻知识库建设。在英语隐喻知识库建设方面，较有代表性的有美国加州大学伯克利分校的 Master Metaphor List 和在建的 MetaNet Project，英国伯明翰大学开发的 ATT–Meta 及香港岭南大学的 Metalude；在汉语隐喻知识库建设方面，较有代表性的有厦门大学的汉语隐喻标注句库及面向隐喻识别的汉语常用动词搭配库。总的来说，目前的隐喻知识库[1]还不能帮助我们识别婚姻概念隐喻。因此，对于本项研究，隐喻判定将主要依赖人工识别。

MIP（Metaphor Identification Process）是目前在国际隐喻研究界较有影响力的，有较高可信度和操作性的一种隐喻识别方法。这一方法首先

---

[1] Master Metaphor List（MML）是加州大学伯克利分校莱考夫等人建设的一个英语常规隐喻表达知识库。数据库中的隐喻分为事件结构、心理事件、情感和其他四个范畴，共涉及词条69条，每个词条又分为不同层级的隐喻类别；MetaNet Project 是受美国情报高级研究计划局资助，目前正在加州大学伯克利分校计算机系展开的一个项目。这一项目致力于建设一个多语种的隐喻库，计算机能够自动分析隐喻表达和非隐喻表达，分析引擎可将输入的语言隐喻输出为概念隐喻；ATT–Meta 是英国伯明翰大学开发的一个隐喻语料库，它以 MML 为框架，集中讨论与大脑状态、大脑处理过程及心智相关的隐喻；Metalude 是香港岭南大学 Andrew Goatly 编写的关于隐喻中已经定型的词汇化隐喻的一个交互语料库；厦门大学认知与计算研究中心构建了一个具有1万字规模62万字的汉语隐喻标注句库及一个面向隐喻识别的汉语常用动词搭配库，涵盖了丰富的汉语隐喻现象。

由阿姆斯特丹自由大学 Gerard Steen 教授和他的五名研究助理开发，后得到了同行的改进和完善。随着这一方法不断成熟，Gerard Steen 所在的 Pragglejaz 小组得到了国际同行的肯定。

这种隐喻判定方法的基本步骤如下：

通读，对文本/语篇有一个整体的理解。

把文本/语篇分成若干词汇单元。

（a）对于每一个词汇单元，确定它在语境中的意义。

（b）对于每一个词汇单元，确定它的基本意义。

（c）确定基本意义和语境意义是否有显著的区分。

（d）确定语境意义和基本意义能否通过某种相似性联系起来。

如果能联系起来，则确定这个词汇单元是由隐喻建构的；如果无法联系起来则确定这个词汇单元不是由隐喻建构的。

Pragglejaz Group 还给出了确定基本意义的四条标准：第一，基本意义指称的事物更易感知、更具体；第二，基本意义更容易和身体体验联系起来；第三，基本意义更明确；第四，基本意义在历时层面上更老。

在切分英文词汇单元时，我们将使用 Macmillan English Dictionary for Advanced Learners（2003），在判断某个意义是否"在历时层面上更老"时，我们主要依赖 "The Shorter Oxford English Dictionary on Historical Principles"（2002）。在切分中文词汇单元时，我们将使用《现代汉语词典》（第六版），在判断某个意义是否"在历时层面上更老"时，我们将依赖《汉语大词典》（1986）。

3.2.3 隐喻表达判定举例

我们以一个具体的例子来说明对语料中的隐喻表达判定的过程。

[例1] 以为和老常结婚，就找到一温暖的港湾了。

第一步：确定这句话整体的意思。这句话的整体意思不难理解：说话者以为结婚后可以依靠丈夫，言外有事与愿违之意。

第二步：切分词汇单元。依据《现代汉语词典》（第六版），我们将这句话的词汇单元切分如下：以为 / 和 / 老常 / 结婚，就 / 找 / 到 / 一 / 温暖 / 的 / 港湾 / 了。

第三步：确定每个词汇单元的语境意义和基本意义。我们发现在这12个词汇单元中，"港湾"一词的语境意义和基本意义有明显的区别。港湾的语境意义是"对丈夫的依靠"，而据《汉语大词典》（1986），其基本意义是"具有天然掩护或人工措施、可以停泊船只的江湾或海湾"。其他词汇单元的语境意义和基本意义相同（"老常"为人的代称，不考虑其基本意义）。

第四步："港湾"一词的语境意义和基本意义可以联系起来，因此，我们确定"港湾"一词属于隐喻表达。

我们将遵循以上四个步骤对汉语和英语语料中的隐喻表达进行判定。

3.2.4 隐喻判定中的一些说明

在隐喻判定的过程中，我们遇到了各种各样复杂的情况。我们把对这些复杂情况的处理方式在本节做一个说明。

首先，修辞意义上比喻的处理。认知意义上的隐喻和修辞意义上的比喻（包括明喻、暗喻）等很难截然对立起来。因此，在语料中，若认知意义上的隐喻来源域与修辞意义上的比喻喻体恰好相同或有包含关系，我们将把修辞意义上的比喻也纳入分析当中。例如：

[例2] 婚姻是围城。

[例3] 他带着一颗受伤的心，千辛万险逃出围城。

例2中，"婚姻是围城"是典型的修辞学上的暗喻，可用"A 是（成为）B"表达，例3用"围城"隐喻婚姻，突出婚姻给"他"的伤害。修辞意义上的比喻喻体恰好和认知意义上的隐喻来源域相同。因此，我们将例1也纳入分析当中。与这种情况相对，如果在语料中，隐喻显见是一种修辞，无法从其他语言证据旁证该种隐喻思维的普遍存在，我们将不把这一修辞意义上的比喻纳入第四章的分析当中。例如：

[例4] 婚姻是一面放大镜，既会放大我们的优点，也毫不留情地放大我们的缺点。（毕淑敏《虾红色情书》）

[例5] 婚姻说也简单，就如穿鞋：勉强总是难受，舒适才更惬意。（池莉《说说婚姻》）

例4用放大镜比喻婚姻，[例5]用穿鞋比喻婚姻，但这类修辞可能蕴含的隐喻思维无从得到其他语料的佐证。因此，"放大镜""穿鞋"并不在后文的分析当中。

其次，MIP 主要是从词汇层面确定隐喻表达，但概念隐喻有时也体现在语篇层面，对于语篇层面体现出的概念隐喻，用 MIP 显然费时费力。因此，我们将从语篇整体出发，确定该语篇的主题，若该语篇明显用了和婚姻不相关的主题来谈论婚姻，则确定该语篇是一种隐喻表达。例如：

[例6] If you have a contract to buy a home, or maybe even to buy a car, you know you do research. Is this kind of car what I want? So you read magazines about the car, you test-try the car. Or if you are going to buy a house, maybe the biggest expenditure of your life, you had someone inspect the house to make sure there are no problems. Then you go to the bank and get the loan. —— Interview Eng06（如果你想买个房子或买个车，你需要做一个调查，看看这个车是不是你想要的。你会阅读汽车杂志或者试驾一把，你若想买的是个房子——也许是你一生中最大的一笔开销——你会派人仔细检查这个房子的每个角落，确保它没有问题。接着，你去银行贷款。）

这段语料来自一位英语受访者，是其在讨论择偶话题时所说的话，在这个短小的语篇中，受访者用买一件贵重的物品隐喻结婚这件事，对于这样的语篇，从整体着眼的方法比用 MIP 逐个词汇单元分析更快捷、有效。

3.3 本章小结

语料的质量和对语料的处理方式是本项研究能否取得预期目标的关键。本章介绍了语料的来源，在语料收集过程中，我们兼顾了口语和书面语，兼顾了俗常语言和有一定文学性的语言，可以说，语料具有较高的代表性和丰富性。我们还对语料的转写和隐喻表达的判定做了说明，也交代了我们对语料中一些复杂情况的处理方式。

第 4 章　婚姻概念隐喻

经过对汉语、英语语料的详细分析，我们发现：人们在描述、理解婚姻，建构"婚姻"这一概念时，有时把婚姻当作一个整体，如"婚姻破裂了""健康的婚姻"；有时则是描述、谈论一种婚姻关系，如"我们的婚姻貌合神离"。这两种角度也与汉语、英语词典中关于"婚姻"的主要释义相符。婚姻概念隐喻的目标域是确定的，就是婚姻，因此，建构婚姻概念隐喻的关键是找到来源域。本章将从"视婚姻为整体"和"视婚姻为人际关系"这两个角度来看汉语、英语是依靠哪些来源域描述、理解、谈论婚姻，建构"婚姻"这一概念的。关于为什么依靠这些来源域的问题，我们将在第5章讨论。

4.1 婚姻概念隐喻之一：视婚姻为整体

当我们把婚姻当作一个整体谈论时，婚姻概念隐喻的来源域主要有三类：第一类来源域具有自然属性；第二类来源域和人密切相关，具有感知属性；第三类来源域具有社会、文化属性。下面我们依次来看。这里需要指出，在列举每一类来源域时，如果汉语和英语都拥有这一类来源域，我们将同时附上汉、英两种语言的例子；如果只能在汉语或英语一种语言中找到有关的来源域,将予以说明并示例[1]。

4.1.1 具有自然属性的来源域

具有自然属性的来源域分为两类:第一类具有原生性(如物质、有机体、运动);第二类具有派生性(如建筑、机器),依赖于人类生产活动。这两类来源域的共同点是:遵循自然规律,其存在和作用几乎不受人的主观意志影响,如糖放在水里要融化、镜子不慎落地会摔碎,等等。

婚姻概念隐喻具有原生自然属性的来源域包括:可分解的物质、有机体、运动;具有派生自然属性的来源域包括:建筑结构、机械、容器、烹饪材料或用具。下面举例说明。

4.1.1.1 可分解的物质

分解,是把一个整体分成它的各个组成部分,原有的整体不复存在。汉语、英语都用可分解的物质隐喻婚姻。例如:

[例1] 对方带来的女儿会敌视:如果没有你,我的爸爸妈妈一定还有破镜重圆的一天。(苏岑《半路夫妻常尴尬》)

[例2] 那十万块的两晚,也有赌气的成分:我就这样还赌债,破罐破摔吧。你老羞辱她,她会跟着你羞辱自己。(《我爱问连岳》2013-09-27)

[例3] 以后你们离婚了,或者因为财务啊,小孩啊,婚姻破裂了,那你们结婚算什么呢?(采访 Chi01)

[例4] 婚姻解体,要么是自身不成熟,要么是对另一半期望太高。(采访 Chi12)

---

[1] 在确定来源域时,某些在语料中只出现一次的隐喻表达不在"来源域"的讨论范围之内。

[例5] Hundreds of thousands of women have used these principles to transform their shredded marriage into intimate, passionate relationships. —— Clark Fitzgerald, Rich Perspectives（成百上千的女性靠这些方法挽救了她们支离破碎的婚姻。）

[例6] Eighteen years ago, my marriage was in tatters. —— Amy Slabaugh, Learning to Communicate（18年前，我的婚姻破碎了。）

[例7] I think the resentment grows and can really tear the marriage apart. —— Interview Eng04（我认为仇恨会生长，这种仇恨会把婚姻撕碎。）

[例8] The other woman or the other man merely serves as a pretext for dissolving a marriage that had already lost its essential integrity. —— Sydney Harris, Love is Not Merchandise（对于那些名存实亡的婚姻来说，第三者只是结束婚姻的托词。）

玻璃是典型的可分解的物质，一旦破碎，难以复原，例1用典型的玻璃制品"镜子"隐喻婚姻；例2中，我们虽然不知制罐的原材料是什么，但从通常的生活经验来看，摔在地上的罐子必碎无疑；例3—例8虽然都没有交代"可分解的物质"是什么，但从动词"破""裂""解体"（dissolve）"撕"（tear）"切"（shred）短语"支离破碎"（in tatters）来看，我们可以重构起"可分解的物质"这个来源域。

汉、英语料中应用"可分解的物质"来源域的隐喻表达统计如下。

表 4.1 "可分解的物质"来源域

	采访	情感信箱	影视作品	文学作品	总计
汉语	2	5	5	4	16
英语	6	2	1	4	13

4.1.1.2 有机体

有机体是具有生命的个体的统称,包括植物和动物。建构"婚姻"这一概念的有机体通常是植物和人。把有机体的特征投射到婚姻上,这种情形在汉语和英语中都很常见。例如:

[例9] 婚姻好似一种缓慢生长的植物。恋爱和新婚的浪漫,只是播种、孕育和发芽的时期;随着那植物的生长,它会长出粗硬的枝干和绿叶,但是也有争夺养料的无用的枝桠,在开花前后、结果之前,它最容易夭折和枯萎。(徐岫茹 《婚姻是一种缓慢生长的植物》)

[例10] 我觉得我们的婚姻很稳定,很成熟。(采访Chi09)

[例11] 女人们要能都能至少保留一份自尊,就不会有这么多婚姻死得这么难看了。(《婚姻保卫战》)

[例12] 就像一个孩子,能够正常的长大、结婚、有工作,就很冒险。其实,他(她)能够这样做到就很顺利了。婚姻也是这样子,如果能够从开头,一直走到老,这也挺冒险的,中间肯定经历很多事情,但是没有夭折,或者没有受伤啊,还能够走过去,也挺不容易的。就像孩子长大,这种感觉。(采访Chi05)

[例13] In a healthy marriage, that need is fulfilled. —— Interview Eng01(在健康的婚姻中,那种需求会得到满足。)

[例14] Doing that project helps to invigorate our marriage.——Interview Eng06(一起做那个项目让我们的婚姻焕发了活力。)

[例15] If we want to have intimate, strong, committed marriages, we must sow seeds of love, grace, truth, compassion, and kindness —— Lisa Great, Divine Principles for Success(如果我们想拥有亲密无间、坚如磐石的婚姻关系,我们就要给婚姻播下爱、慈悲、诚实、同情

和善意的种子。）

[例16] He said, "This marriage is never going to survive if you don't change." I finally came to the realization that our marriage is not going to survive if both of us were not going to do some giving. — Interview Eng10（他说："如果你不做出些改变，我们的婚姻无法存活。"而我最终意识到，如果我们两个人都不肯妥协的话，我们的婚姻绝无存活的可能。）

以上各例都用有机体隐喻婚姻，不过侧重点略有差异。例9用"缓慢生长的植物"隐喻婚姻。婚姻这株"植物"，有"根""枝干""绿叶""枝桠"，有"播种""孕育""发芽""开花""结果"等若干生长阶段，"生长"过程中可能会"夭折""枯萎"，需要"养料""阳光雨露"，等等；例10用植物的"成熟"隐喻婚姻的状态；例11用有机体的"死亡"隐喻婚姻的终结；例12出自一位7岁孩子的母亲之口。她将婚姻看作孩子长大，要经历"结婚""工作"等阶段，长大的过程可能会"夭折""受伤"，她希望自己的婚姻一直走到"老"；例13用有机体的"健康"隐喻婚姻的状态；例14用有机体的"生机勃勃"隐喻婚姻的状态；例15用植物隐喻婚姻时，突出播种和收获的内在联系，即"种瓜得瓜，种豆得豆"（You reap what you sow.）；例16用有机体的"生存"隐喻婚姻的存在。

在汉、英语料中，仅有一处用"动物"隐喻婚姻的例子。作者用"獐头鼠目"描述婚姻的气质不好。如下：

[例17] 我们大多数无趣的婚姻，主要出发点不是因为爱得不愿分开，而是为了堵住他人的口，可能也是由于这个原罪，婚姻看起来都獐头鼠目的，气质不好。(《我爱问连岳》 2013-09-03)

孩子的出生是婚姻"有机体"发展过程中的一个标志性事件。例如：

[例18] 等进了围城以后，再像所有平淡夫妻那样，四平八稳地把日子一过，到时候再瓜熟蒂落地把下一代一生，你这辈子就是齐活了。(《婚姻保卫战》)

[例19] Children are the fruit and bond of a marriage. — Anonymity, Love, Marriage and Family (孩子是婚姻的果实，也是维系婚姻的纽带。)

汉、英语料中应用"有机体"来源域的隐喻表达统计如下。

表4.2 "有机体"来源域

	采访	情感信箱	影视作品	文学作品	总计
汉语	4	7	4	6	21
英语	8	0	3	3	14

4.1.1.3 运动

运动是物质的固有属性和存在方式。婚姻具有时间属性，人们用空间上的运动来理解时间的流逝。和大多数运动一样，婚姻也有自己的"运动方向"和"运动路径"。但婚姻这种"运动"不仅有方向，还有确定的"目的地"，不是短暂的运动，而是长久的运动。汉语和英语语料中都有用"有确定目的地的长久运动"隐喻"婚姻"的例子。例如：

[例20] 婚姻是一场马拉松，从鬓角青青搏到白发苍苍。路边有风景，更有荆棘，你可以张望，但不能回头。风和日丽要跑，狂风暴雨也要冲，只有清醒如水的意志，持之以恒的耐力，才能撞到终点的红绳。(毕淑敏《幸福家庭预报》)

[例21] Marriage is very much like a long journey. Planning the trip brings anticipation and excitement. Often we are in such stress by the time we leave. Then, the journey itself produces unexpected difficulties and joys. Somewhere along the way, we realize getting to a destination isn't that important, but what we experience along the way was priceless. As we stop along the journey, we look back at the time resulting in the most joy and laughter. Usually, they were the obstacles that tested our resourcefulness and unity. —— Robert Browning, The Beauty of the Long Journey（婚姻很像一场长途旅行，规划这场旅行带给我们无限的期待和兴奋。当踏上旅程时，我们会略带紧张与不安。这场旅行中有许多始料未及的困难，也有意想不到的快乐。旅行途中的某一时刻，我们会发觉，到达终点并不是最重要的，我们在路上经历的一切才更弥足珍贵。在途中的某一点，我们会回忆起过往的欢声笑语，而那些欢声笑语，曾经都是路上考验我们智慧与团结的磐石。）

例20中，作者用"马拉松"隐喻婚姻；例21中，作者用"长途旅行"隐喻婚姻。两个隐喻都指出了婚姻快乐与痛苦的两面性。不同的是，"马拉松"隐喻中，作者强调婚姻"不能回头"，要用"意志"与"耐力"撞到"终点的红绳"，而"长途旅行"隐喻中，作者认为能否到达"终点"不是最重要的，婚姻的"过程"才最值得珍惜。

在朝向制定目的地的行进中，会有"原点""中途""终点"等若干阶段。例如：

[例22] 我想回到原点，再把婚姻这条路好好走一遍。（《婚姻保卫战》）

[例23] 我父母的婚姻，他们最后走到了尽头。（采访 Chi09）

[例24] I'd say halfway point was the hardest for us. —— Fireproof（我想中途对我们是最难的。）

在朝向指定目的地的行进中，会遇到障碍物。例如：

[例25] 这些年我朴实、无私奉献，还是没能绕过七年之痒的地堡暗礁啊。(《婚姻保卫战》)

[例26] I saw how hard it is, and it made me kind of step back and say, no, you got to go with the flow. However the river is flowing, whatever it takes you, don't jump to conclusions. Don't make rush decisions. Kind of float along and see how it is. I mean there may become a part where you come to a damn or something in your life, and you go, no, this is not what I want. Then I think you have to have the courage to change at that point. —— Interview Eng06（我知道那有多难，那让我反思到，不，你必须顺势前进。无论河流如何流淌，无论你需要付出什么，不要匆匆下结论，不要匆匆做决定。跟着河流的方向前进看看会发生什么。也许，在某个时候，你会遇到一座大坝或者别的阻拦物，然后你说，这不是我想要的。在那样的时候，你需要有勇气做出改变。）

在朝向指定目的地的行进中，一方或双方可能会偏离既定的运动路径。例如：

[例27] 幸亏咱俩在岔道上走得都不远，还来得及回头。(《婚姻保卫战》)

[例28] 我和妻子结婚快两周年了，我确定我们彼此是相爱的。

可是却发生了一件让我极其痛苦的事——妻子出轨了。(《我爱问连岳》2013-09-27)

[例29] 他们俩的婚姻呢，也给我们有正面的影响。当然也有分歧，有些矛盾，这是正常的，但大方向，从来没有说要分道扬镳啊。这个都没有。(采访 Chi09)

[例30] Despite problems in our marriage, neither of us strayed. — Dear Abby 20140228（尽管我们的婚姻中有这样那样的问题，但我俩都没有出轨。）

[例31] We were really not going to the same direction. — Interview Eng11（我们俩走的不是同一方向。）

在朝向指定目标的行进中，我们可能会因迷路无法到达目的地。这时，一些重要的人会帮助我们克服困难。重要的他人是运动中的"地图"或"引导员"。例如：

[例32] That became our roadmap. — Interview Eng12（那成了我们的地图。）

[例33] May we not be tempted by fantasies and projections, but guide us in the ways of holiness. — Marianne Willamson, A Prayer for Couples（请让我们不要被幻想迷惑，请指给我们一条神圣的道路。）

汉、英语料中应用"运动"来源域的隐喻表达统计如下。

表 4.3 "运动"来源域

	采访	情感信箱	影视作品	文学作品	总计
汉语	11	9	12	6	38
英语	30	2	13	11	56

4.1.1.4 建筑结构

建筑结构是在建筑中，由若干构件，即组成结构的单元如梁、板、柱等，连接而成的能承受作用（或称荷载）的平面或空间体系。汉、英语料中都有用建筑结构隐喻婚姻的例子。房屋是最典型的建筑结构。例如：

[例34] 它虽然会趋于平淡，但事实上是趋于稳定。它已经固定到那了，其实就是没什么变化了。风雨飘摇，就不管外面有什么打击，它都可以承受得住。一旦他们处于一种很稳定的状态了，如果双方中的一方去找了这样一个新鲜感，像一个雷一样，把这个房子炸了一角，没有把它完全摧毁，炸了一角。如果他们之前都已经很稳定了，也许可以把它修补一下，但是说如果在还没有稳定的情况下，就做了一些事情，就是说这个三角，房子是个三角，还没有稳定呢，就做了一些事情，我觉得就会是个炸弹，直接就会把这个房子炸飞了。（采访 Chi05）

[例35] 当初油饰一新的外表开始衰败，地基被蝼蚁蛀了密集的窝孔，承重梁根本就没有打进钢筋，甚至古怪到没有玻璃没有门，所用砖瓦都是伪劣产品。这些可叹可怜的小屋，在风雨中摇摇欲坠，不时传来断裂和毁坏的噪声。再过几年看看，有的已夷为平地，主体结构渺无踪影，遗下一片废墟。有的被谎言的爬山虎密密匝匝地封锁，你再也窥不到内部的真实。有的门户大开，监守自盗歹人出没，爱情的珍藏已荡然无存。有的徒有虚名地支撑着，炕灰灶冷了无生机。（毕淑敏 《婚姻建筑》）

[例36] 然而，偏偏愈是基于爱情的结合，比起那些以传统伦理和实际利益为基础的婚姻来，愈有其脆弱之处。（周国平 《婚姻反思录》）

[例37] 可以疲惫了心情和表情，但永远不要忘记为婚姻之塔添砖加瓦。（方益松 《婚姻就像沙做的塔》）

[例38] Building a marriage is much like building a home. You put deliberate plans in place and then you actively pursue the construction. Day-to-Day busyness must be guarded against and the building must be conscious. When building stops, status quo settles in. Having a deliberate eye on construction can keep building fun and productive. —— Gail Rodgers, Tools for Building an Intimate Marriage（建造婚姻就像盖房子。你先有了详细的建造方案，然后开始建造。建造不能急于求成，要十分小心谨慎。当我们停止盖房子，房子也就是那样了。观察盖房子的一点一滴会让建造的过程趣味横生。）

[例39] Communication has been the bedrock of my marriage and still is. —— Amina Alhassan, Your Marriage is Your Script（交流是我的婚姻的基石，至今仍是。）

[例40] But marriages aren't fireproof. Sometimes, you get burned. —— Fireproof（但婚姻是不防火的。有时，你会被烧到。）

[例41] If you marry someone and that person is cruel or the marriage falls apart, I just think that is much more miserable than you have a job that you don't like. —— Interview Eng 05（假如你嫁了某人，结果那个人很坏，或是你们的婚姻倒塌了，我觉得那要比你做一份不喜欢的工作痛苦得多。）

以上各例都把建筑结构的特征投射到婚姻上来。例34中，受访者用"房子"的"稳定""风雨飘摇"等隐喻婚姻的状态，用"雷""炸弹"隐喻婚姻可能受到的威胁；例35中，作者用"地基""承重梁""钢筋""砖瓦""爬山虎""炕""灶"等描述婚姻这座"建筑";例36中的"基于""为基础"、例39中的"基石"（bedrock）隐喻婚姻的先决条件;例37中,作者选用了一个不太常见的建筑结构——"塔",并用"添砖加瓦"隐喻对婚姻的维护;例38中,作者用"盖房子"隐喻婚姻需有规划、需精心维护、需细水长流;例40用婚姻这座建筑物"不妨火"的特性隐喻婚姻可能遭遇的困难;例41用"倒塌"（fall apart）隐喻婚姻的终结。

汉、英语料中应用"建筑结构"来源域的隐喻表达统计如下。

表4.4 "建筑结构"来源域

	采访	情感信箱	影视作品	文学作品	总计
汉语	4	5	5	9	23
英语	6	1	2	4	13

4.1.1.5 机械

机械是能帮人们降低工作难度或省力的工具,包括简单机械和复杂机械（又称机器）。英语语料中用机械隐喻婚姻的例子较多。例如:

[例42] I strongly encourage you to make the relationship you have work, because there is a higher rate of divorce and adultery in second marriages. — Dr. Bonnie Eaker Weil, Challenges to a Lasting Relationship（我强烈建议你们让婚姻运转起来,因为"二婚"的离婚率更高,通奸行为更多。）

[例43] I have discovered that there are some characteristics that are vital to a well-functioning marriage. — Kiki Anderson, Characteristics of a Successful Marriage（我发现有一些特征是运转良好的婚姻必备的。）

在英语的两个例子中,"机械"（或机器）一词本身并没有直接出现,那么这一来源域是否存在呢？在我们掌握的英语语料中，人们用大量和机械相关的词汇描述婚姻，如运转正常（work well, function well）、运转不正常（don't work well, don't function well）、坏了（broken）、修理（repair, fix）、升级（upgrade），等等。据此，我们可以重构"机械"这一婚姻概念隐喻的来源域。

汉语也用机械隐喻婚姻，不过较英语而言，这一概念隐喻并不常见。在我们掌握的汉语语料中，仅有两处用"机器"隐喻婚姻的例子。

[例44] 自从人类发明这部机器，它就老是出毛病，使我们为调试它，修理它伤透脑筋。（周国平 《调侃婚姻》）

[例45] 能够正常运转的婚姻不仅意味着丈夫与妻子的互相迁就，而且意味着理想与现实的互相妥协。（佚名 《幸福婚姻》）

汉、英语料中应用"机械"来源域的隐喻表达统计如下。

表 4.5 "机械"来源域

	采访	情感信箱	影视作品	文学作品	总计
汉语	0	0	0	2	2
英语	4	3	0	2	9

4.1.1.6 容器

容器是用来装载物品的贮存器。容器的大小、形态多种多样。汉、英语料中用容器隐喻婚姻的例子是非常多的。例如：

[例46] 最经典的比喻是，婚姻像围城。城外的想进去，城里的想出来，而有些浪子，永远都不想进城。还有些人，在城里住得好好的，却偏要出城走走。等到出了城，又念到城里的种种好处，于

是在不断地出出进进中，寻找他的快乐。而真正的聪明人，会在城中找块空地，在房子周围开垦出一小片绿地。必要的时候，不用出城也能享受到温暖的阳光，呼吸到自由的空气。(佚名 《婚姻，勇敢者的游戏》)

[例47] Marriage is easy when you're feeling the love. But when you aren't, marriage feels like a cage: "I'm trapped in here with this woman I don't love and who doesn't love me. I can't get out and neither can she. This marriage is holding both of us back from being happy！" But think about this. What if the cage is there to protect you? —Regi Campbell, The Marriage Cage（如果能够感觉到爱，婚姻并不难。但如果感觉不到，婚姻就像一个笼子："我和这个女人都被束缚住了，我不爱她，她也不爱我。然而，我们都逃不出去，婚姻让我们俩一点也体会不到快乐！"但是仔细想想，如果我们把婚姻看作一个可以保护你的笼子呢？）

除了"围城"，汉语还用"门栏""牢笼""监狱""深渊""火坑""泥潭""巢""家园""殿堂""城墙"等隐喻婚姻，这些来源域都具有容器的特点。例如：

[例48] 结果你是习惯了混蛋，感情等于判了无期徒刑，吃穿得再舒服，也像是住在秦城监狱，乐趣是不多的。(《我爱问连岳》2013-09-22)

[例49] 这样的婚姻，越来越像跌入了黑暗的深渊万劫不复。(佚名 《我的婚姻价值观》)

[例50] 我提议啊，为我跟郭洋这两个远飞的家雀终于回归了鸟巢，来，干一杯。(《婚姻保卫战》)

[例51] 你看，结婚七八年，审美疲劳肯定是有的，心里偶尔也会有点痒，但我那笼子我住得挺好，还舍不得离开呢。(《婚姻保卫战》)

值得一提的是，容器给人最强烈的直观感受就是有"内"与"外"的分别。用"内""外"去描述婚姻中的一些元素在汉语中是很常见的，有些已成为中文的固化表达，最常见的是"外遇"，此外还有"婚外恋""内务""外援""主外""主内""贤内助"等。

除了"笼子"(cage)，英文还用"监狱"(prison)、"巢"(nest)等隐喻婚姻。在我们收集的容器隐喻中，汉语里往往有明确的来源域，英语里来源域不常出现，而是常用表示感受的动词"感到束缚/窒息"(feel trapped/suffocated/caught up)和表示内外的介词"里/外"(in/out)来凸显"容器"这一概念域。例如：

[例52] I feel lied and trapped in my marriage. —— Dear Abby 2013-08-28（我感到被欺骗，被婚姻束缚了。）

[例53] If you want out, that's fine with me! ——Fireproof（如果你想离婚，我没意见！）

[例54] I realized how quickly I could be caught up in it. —— Interview Eng10（我意识到，我很快就将深陷其中。）

[例55] Someone from outside would look and said, she has everything. —— Interview Eng10（在外面的人会说，她什么都有了。）

汉、英语料中应用"容器"来源域的隐喻表达统计如下。

表 4.6　"容器"来源域

	采访	情感信箱	影视作品	文学作品	总计
汉语	2	7	21	7	37
英语	5	3	2	2	12

4.1.1.7 烹饪材料或用具

汉语中用"烹饪材料或用具"隐喻婚姻。例如：

[例56] 他做不到什么呀，你会想，哎呀，也就这样了，因为柴米油盐的。（采访 Chi05）

[例57] 婚姻啊，到了很乏味的时候，就是锅碗瓢盆。（采访 Chi06）

以上两例中，两位汉语受访者分别用"柴米油盐"和"锅碗瓢盆"隐喻婚姻，在我们掌握的英语语料中，没有类似的隐喻表达。

汉、英语料中应用"烹饪材料或用具"来源域的隐喻表达统计如下。

表 4.7　"烹饪材料或用具"来源域

	采访	情感信箱	影视作品	文学作品	总计
汉语	2	0	1	1	4
英语	0	0	0	0	0

4.1.2 具有感知属性的来源域

来源域具有感知属性意味着，来源域和个人感知能力密切相关。个人对颜色、味道、温度、粗糙度等的感知不尽相同，不同民族也会有所差异。当我们把婚姻视为一个整体时，具有感知属性的来源域主要包括：视觉、听觉、味觉、触觉。

4.1.2.1 视觉

婚姻作为抽象的概念，是无法用眼睛直接观察的。婚姻概念隐喻的视觉来源域赋予了婚姻能用视觉感知的特征，如色彩。

[例58] 然而回望自己灰暗婚姻带来的心酸的人生经历，母亲终究深感"意气难平"，无法开心愉快地安享丰衣足食，儿孙满堂的幸福晚年。（杨纯柱 《父母的婚姻》）

[例59] 那样一段暗无天日的婚姻简直像给我套上了万斤重的锁链，压迫得我呼吸困难，痛苦得我欲哭无泪。（佚名 《我的婚姻价值观》）

[例60] Save us from darkness. May this relationship be a burst of light. — Marianne Williamson, A Prayer for couples（请于黑暗中拯救我们。望这一段婚姻充满光明。）

[例61] It was not that it's all dark all the time. — Interview Eng04（我们的婚姻并不总是那么黑暗的。）

在汉语语料中，所有建构婚姻概念的颜色都是暗色，除上述的"灰暗""暗无天日"外，还有"暗淡"。

汉、英语料中应用"视觉"来源域的隐喻表达统计如下。

表4.8 "视觉"来源域

	采访	情感信箱	影视作品	文学作品	总计
汉语	0	0	1	2	3
英语	3	0	0	4	7

4.1.2.2 听觉

婚姻作为抽象的概念，也是无法用耳朵听到的。婚姻概念隐喻的听觉来源域赋予了婚姻能用听觉感知的特征。例如：

[例62] 有，也是偶尔，咱俩的主旋律还是幸福的。(《婚姻保卫战》)

[例63] 婚姻究竟是什么意思？已有无数解释，比如：婚姻是合同，是契约，是聋子，是一场马拉松长跑，是爱情的坟墓，是一种专制体制，是搭伙过日子。钱钟书小说《围城》之喻，最为广泛接受：婚姻是座围城——外面的想进去，里面的想出来。(池莉《说说婚姻》)

[例64] This book is geared more toward people who are not yet married, or who are newly married and are having trouble getting into the rhythm of marriage. ── James Robison, Living in Love（这本书的受众包括未婚者、新婚者以及在婚姻的节奏中陷入困境的人。）

[例65] If love in the age to come is transposed into a key above and beyond the melody of marriage in this life, then singleness here will prove to be no disadvantage in eternity. ── John Piper, For Single Man and Woman（如果在最后的审判日，爱已转化成高一度、不同于今世的婚姻曲调，那么在来世，独身也不是什么问题。）

汉、英语料中应用"听觉"来源域的隐喻表达统计如下。

表 4.9 "听觉"来源域

	采访	情感信箱	影视作品	文学作品	总计
汉语	0	0	1	1	2
英语	0	0	0	2	2

4.1.2.3 味觉

婚姻作为抽象概念，同样是无法用味觉尝到的。婚姻概念隐喻的味觉来源域赋予了婚姻能用味觉感知的特征。汉语语料中有大量用味觉来源域谈论、描述婚姻的例子，英语较少。例如：

[例66] 当然，我这都是听别人说的，我还没体会到婚姻的滋味。(《婚姻保卫战》)

[例67] 我说呢，我们俩都谈了7、8年了，怎么越谈越没味呢。(《婚姻保卫战》)

[例68] 是这样，我有一个观点，就是朋友之间和夫妻之间的关系都是需经营的，都有一定的方式去维系，如果不维系的话就淡了，或者断了。(采访Chi04)

[例69] We need to do something to spice our marriage. —— Interview Eng06（我们需要给我们的婚姻加点滋味。）

汉、英语料中应用"味觉"来源域的隐喻表达统计如下。

表4.10 "味觉"来源域

	采访	情感信箱	影视作品	文学作品	总计
汉语	12	3	5	1	21
英语	1	0	0	1	2

4.1.2.4 触觉

婚姻作为抽象概念，也是无法用身体触摸到的。婚姻概念隐喻的触觉来源域赋予了婚姻多种能用触觉感知的特征，如：暖、冷、痒、痛、黏、平、光滑（smoothness）、厚（thickness）、薄（thinness），等等。例如：

[例70] 结婚三年,三年之痒。(《我爱问连岳》 2013-09-03)

[例71] 火炕,它,它,你要弄好了,它烤在里面舒舒服服地,它也挺好啊。暖火坑啊。(《婚姻保卫战》)

[例72] 不想离婚的夫妻该时常找找茬吵吵架,也许仅仅是无关痛痒的小事件,但几番拌嘴争执下来,会让婚姻更有黏性。(苏芩《因为吵架,所以不会离婚》)

[例73] There have been tough times, we've thought about divorce but that always seems too painful. —— Interview Eng 08(我们经历过许多困难的时期,我们想到过离婚,但离婚似乎太疼痛了。)

[例74] Marriage is not smooth all the way. —— Amina Alhassan, Your Marriage is Your Script(婚姻不是一帆风顺的。)

[例75] It's simply, your ability to manage your script well and to stand through the thick and thin. —— Amina Alhassan, Your Marriage is Your Script(婚姻就是管理好你们演出的脚本,两人同甘共苦。)

[例76] During that time our relation was getting cooler and cooler, I felt deeply that was too bad. —— Interview Eng11(在那段时间,我们的关系越来越冷淡,我深刻地感觉到,一切都太糟糕了。)

汉、英语料中应用"触觉"来源域的隐喻表达统计如下。

表 4.11 "触觉"来源域

	采访	情感信箱	影视作品	文学作品	总计
汉语	7	4	6	3	20
英语	1	0	1	4	6

4.1.2.5 感觉域的叠加[1]

我们从汉、英语料中还发现了多种感觉域叠加的情形，多种感觉域的特征共同投射到婚姻上。例如：

[例77] 几年前，一位先生经历了一段暗无天日的痛苦婚姻。（《婚姻保卫战》）

[例78] 我事实上觉得婚姻就是那种平淡的状态，可能偶尔有点小浪漫啊。（采访 Chi04）

[例79] You have to work at keeping it polished and new, or else the grime of passing years will hide the joy. —— Anita Gogno, Just Like New（你需要不断磨光、擦亮你们的婚姻，否则，流逝的岁月会使婚姻的快乐蒙上一层尘垢。）

例77中，分属视觉（暗）、触觉（痛）、味觉（苦）的三个来源域叠加起来隐喻婚姻；例78中，触觉（平）、味觉（淡）两个来源域叠加起来隐喻婚姻；例79中，"polished"一词蕴含着光滑（smooth）和发亮（shiny）两层意思，即分属触觉和视觉的两个来源域叠加起来隐喻婚姻。

此外，汉、英语料中都有用"新鲜/腐烂"隐喻婚姻的例子。新鲜/腐烂也是我们多个感觉域（味觉、触觉、视觉）共同感知的结果。例如：

[例80] 日久，也可能不免产生"貌合神离"的状态。到这时，就需要考虑婚姻保鲜了。（佚名 《婚姻保鲜》）

[例81] I will give you my countdown based on a blend of personal

---

[1] 心理学上称为"联觉"或"统觉"（synaesthesia）。为统计的便利，我们将这类来源域放在各类具体的感觉域中统计。

life lessons and biblical principles to make sure your marriage stays fresh and not rotten. —— Antony Aris-Osula, Five Ways to Have a Fruitful Marriage（我将把自己如何为婚姻保鲜的心得告诉你们，这些心得既有来自个人生活体验的，也有来自圣经教导的。）

4.1.3 具有社会、文化属性的来源域

具有社会、文化属性的来源域受文化传统、礼仪风俗、社会制度及社会发展等的影响较大。这一类来源域包括契约、表演、冒险、私有财产等。

4.1.3.1 契约

契约，也称为合同，即两方或多方就某件事情达成的协议。契约规定了当事人需要履行的职责和义务，如保证对婚姻的忠诚、赡养老人、抚育孩子等，是一种外部的规约。汉、英语料中都有用契约/合同隐喻婚姻的例子。例如：

[例82] 婚姻是没有任何强制力的契约，背叛的后果不是阉割或囚禁，而是婚姻破裂。（《我爱问连岳》 2013-08-04）

[例83] 不管我会失去什么，我都会结束这桩生意，解除这个合同的。（采访Chi11）

[例84] In certain sense, to be a real American, it is to understand there is a contract, and the contract is to be followed. So it is a marriage contract. —— Interview Eng03（在某种意义上，身为一个美国人，应该明白，婚姻是一个契约，婚姻契约应该被遵守。）

[例85] Before the contract is enforceable, each party must demonstrate that they have complete knowledge of the contract and its consequences. —— Interview Eng12（在这个契约生效前，双方都必须确

认他们已经熟知契约的内容和违反契约的后果。）

当人们使用"契约"隐喻婚姻时，"契约"往往暗指终身有效。事实上，在商业活动中，无限期的契约/合同是极少见的。少数国家（如爱尔兰），实行期限制的婚姻，男女双方在结婚的时候可以协商决定婚姻关系的期限，从1年到100年不等，期限届满后婚姻关系终止，若有继续生活的意愿，可以办理延期登记手续。这似乎和俗常理解的契约有更多的相似之处。

在我们收集的汉语语料中，有时也用"协议""牌理"等表达"契约"的意思，可能出现一方"犯规""撕毁协议"的情况。例如：

[例86] 只要心在，根本就不用什么协议来约束，要是心不在了，什么协议也约束不了。（《婚姻保卫战》）

[例87] 千万别跟她们顶着，别跟她们戗着，这女人啊，不按牌理出牌。（《婚姻保卫战》）

[例88] 犯规未必导致婚姻破裂，但几乎肯定会破坏安宁。（周国平《宽松的婚姻》）

[例89] 单方面撕毁协议，悍然出工。（《婚姻保卫战》）

汉、英语料中应用"契约"来源域的隐喻表达统计如下。

表4.12 "契约"来源域

	采访	情感信箱	影视作品	文学作品	总计
汉语	2	2	3	3	10
英语	4	2	0	5	11

4.1.3.2 表演

表演是一种艺术表现形式。它包罗万象，如戏剧、舞蹈、杂技、相

声、魔术等。人们通常用"戏"来隐喻婚姻,将"戏"的特征投射到婚姻上。例如:

[例90] 有人累感不爱,但是觉得在孩子面前演一出"圆满家庭、恩爱夫妻"的戏,对孩子是好的。真能演到孩子感觉不到,那倒是可以,不过影帝影后也就那么几个,两人的演技都不出纰漏,骗孩子一辈子,成功率微乎其微。(《我爱问连岳》 2013-09-08)

[例91] 现在是她逼着我演审美疲劳。行,那我就照着给她演。(《非诚勿扰2》)

[例92] You must also be ready to cry together, laugh together and play the fool sometimes. —— Amina Alhassan, Your Marriage is Your Script (你们得一起哭、一起笑,有时也得一起装傻。)

[例93] You can't script your married life. —— Interview Eng 11(你无法给婚姻生活写个脚本。)

汉、英语料中应用"表演"来源域的隐喻表达统计如下。

表4.13 "表演"来源域

	采访	情感信箱	影视作品	文学作品	总计
汉语	1	1	6	3	11
英语	1	0	0	3	4

4.1.3.3 冒险

冒险的规模可大可小,时间可长可短。冒险的最大特点就是风险性、刺激性及结果的不确定性。汉、英语料中都有用冒险隐喻婚姻的例子。例如:

[例94] 婚姻如同一座危楼,大家都知道很危险,但没有人在乎,

仍然进进出出，总以为它不会塌在自己头上。(朱德庸《婚姻是一场华丽冒险》)

[例95] 这是婚姻必须承担的风险，你看错了一个人，那就得接受他终于呈现的丑陋。这正像你挑错一只股票，轻信了流言，结果却是一跌再跌，除了止损，求神拜佛都没用。(《我爱问连岳》2013-08-04)

[例96] Please make of our relationship a great and holy adventure. —— Marianne Williamson, A Prayer for Couples（请让我们的婚姻成为伟大神圣的冒险。）

[例97] We choose one another, and walk forward side-by-side, onto the marriage coaster. —— Rebekah Kim, Marriage（我们选择了彼此，一起走进那婚姻的过山车。）

例94用"进进出出危楼"隐喻婚姻，表明人们对婚姻这项"冒险"持乐此不疲的态度；例95用"挑股票"隐喻婚姻，突出婚姻的风险性；例97用"过山车"隐喻婚姻，可见这种冒险具有相当的刺激性。

赌博是一种典型的冒险活动。赌博通常指拿一种有价值的东西做注码来赌输赢的游戏。人们用指定场合，有特定人群参与的赌博活动隐喻婚姻。汉、英语料中都有这样的例子。例如：

[例98] 但你把凭心选择的权利放归给一个有出轨倾向的男人，你就不怕赌输，不怕失望？(《婚姻保卫战》)

[例99] You just have to gamble, you have to look at that person and have confidence in him. —— Interview Eng 06（你只能赌一把，你只能看他做了什么，要对他有信心。）

上述两例都是婚姻中"妻子"一方看待"丈夫"一方的忠诚度时所说的话。在中、美两国，婚外情都是婚姻破裂的主要原因，人们用赢输不定的赌博隐喻婚姻，隐有某种宿命的意味。

汉、英语料中应用"冒险"来源域的隐喻表达统计如下。

表 4.14 "冒险"来源域

	采访	情感信箱	影视作品	文学作品	总计
汉语	0	1	1	1	3
英语	6	0	0	2	8

4.1.3.4 私有财产

"私有财产"是随着生产力的发展，因生产资料有所剩余而逐步出现的。而人类"私有"意识和观念的产生却由来已久。用私有财产隐喻婚姻，见于英语语料。例如：

[例100] Fight for it, build it, nurture it and do not let anybody trespass on the land that is your union. — Antony Aris-Osula, Five Ways to Have a Fruitful Marriage（争取它，建设它，培育它，不要任何人僭越属于你们二人的领地。）

[例101] He calls him a hypnotist or a thief or a home-breaker. — Sydney Harris, Love is Not Merchandise（他将插足者称为催眠师、小偷和家庭破坏者。）

[例102] Marriage by its best title is monopoly, and not of the least invidious sort. It is the cunning of most possessors of any exclusive privilege to keep their advantage as much out of sight as possible, that their less favoured neighbours, seeing little of the benefit, may the less be disposed to question the right. But these married monopolists thrust the most obnoxious part of their patent into our faces. —— Charles Lamb, A Bachelor's Complaint of the behaviour of Marriage People（把婚姻称作垄断再合适不过，而且非常让人讨厌。通常那些享有绝对特权的人总会狡猾地把自己占的便宜藏好，以躲过那些不如他们幸运的邻里们的耳目。邻里们越少看到他们享受的额外好处，就越不会质疑其特权。然而，那些婚姻幸福的垄断者们却把他们特权中最惹人厌的部分硬生生地塞到我们面前要我们看。）

例100将婚姻看作"二人的领地"，例101将婚姻中的第三者看作"小偷"（thief）、"家庭破坏者"（home-breaker），例102将婚姻主体看作"垄断者"（monopolist）、"拥有者"（possessor），都是把婚姻视为夫妻二人的私有财产，我们在汉语语料中并没有发现类似的来源域。

汉、英语料中应用"私有财产"来源域的隐喻表达统计如下。

表4.15　"私有财产"来源域

	采访	情感信箱	影视作品	文学作品	总计
汉语	0	0	0	0	0
英语	0	0	0	5	5

4.2 婚姻概念隐喻之二：视婚姻为人际关系

美国作家安布斯·比尔斯（1911）在《魔鬼辞典》（The Devil's Dictionary）里，给"婚姻"一词下了这样的定义：

婚姻（marriage）名词（n.）　一个男主人，一个女主人和两个奴隶组成的一种共同体的状态。说到底，由两个人组成。[①]

[①] 英文原文为：Marriage n. The state or condition of a community consisting of a master, a mistress and two slaves, making in all, two.

婚姻，说到底是由两个人组成的。在这种复杂的二人关系里，既有依赖、信任、包容、牵挂、扶持、忠诚，也有争吵、矛盾、对抗，甚至有欺骗、背叛。这种关系还有情感、物质、性的参与。那么，当人们视婚姻为一种关系时，是怎样理解、描述、谈论这种关系，进而建构"婚姻"这一概念的呢？

研究发现，当人们把婚姻当作一种关系时，婚姻概念隐喻的来源域主要有两类：第一类来源域是空间关系；第二类来源域是具有社会、文化属性的关系。下面我们依次来看。

4.2.1 空间关系来源域

空间关系来源域包括两类，一类是物体之间的相对关系，一类是观察者视角中物体的方位关系。物体之间的相对关系包括：毗邻关系、连接关系、中心—边缘关系、支撑关系、重合关系；观察者视角中物体的方位关系包括：前后关系、上下关系。我们依次来看。

4.2.1.1 毗邻关系

毗邻关系是两个物体一种空间位置关系。毗邻关系是一种相对的关系。如图4.1中，对A来讲，和B的毗邻程度要高于和C的毗邻程度；对B来讲，和A的毗邻程度要高于和C的毗邻程度；对C来讲，和B的毗邻程度要高于和A的毗邻程度。

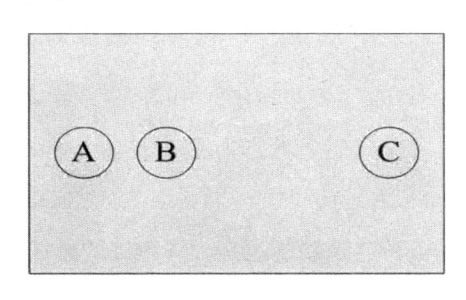

图 4.1　毗邻关系

婚姻作为一种"毗邻关系",有"近""紧""密""远""疏""松""散"等毗邻程度之分。例如:

[例103] 其实,是需要有这样一个心,这样可能关系会更加紧密、牢固。(采访 Chi04)

[例104] 我们像是两棵挨得比较近的树,种得离得比较近。(采访 Chi02)

[例105] During those years, we felt very close. ——Interview Eng11(在那些年,我们的关系很紧密。)

[例106] Obviously, my partner will see that I am kind of going farther away from her. ——Interview Eng12(很显然,我妻子会看到我有点和她疏远了。)

此外,汉语中的"比翼""同床""同舟""肝胆"等隐喻的也是程度较高的毗邻关系,但通常不单独使用。例如:

[例107] 咱两口子一块练,比翼双飞,好吧,走。(《婚姻保卫战》)

[例108] 尽管在这之前,我们都同床异梦,各怀鬼胎。但表面上还是如胶似漆,恩恩爱爱。(《我爱问连岳》 2013-09-03)

[例109] 我们更看重子女,我们觉得我们夫妻关系,很稳定,很成熟,从结婚以后就没有波折,也在遇到困难的时候能做到风雨同舟。(采访 Chi09)

[例110] 居家过日子犯不着肝胆相照,虚着点和气。(《非诚勿扰2》)

英语中"盐和胡椒粉"隐喻的也是较高程度的毗邻关系。

[例111] Salt and pepper are completely different. Their make-ups are different and their taste and their color, but you always see them together. —— Fireproof（盐和胡椒粉是截然不同的两样东西，他们的成分、味道、颜色都不同，但它们总是在一起。）

汉、英语料中应用"毗邻关系"来源域的隐喻表达统计如下。

表4.16 "毗邻关系"来源域

	采访	情感信箱	影视作品	文学作品	总计
汉语	3	2	5	1	11
英语	2	0	2	2	6

4.2.1.2 连接关系

如果说毗邻关系是用空间上物体距离的远近来描述和理解婚姻关系，连接关系则是侧重空间上物体是否有关联。换言之，两个物体距离近，不代表有连接关系；距离远，也不代表没有连接关系。从视觉上，具有连接关系的物体通常通过一个具体的"连接物"获得关联。"连接物"多是细长物品，如汉语中的"线""桥"，英语中的"绳"（rope/tie）。例如：

[例112] 她说，我给你介绍个女孩，我也要切实负起责任来，那么这个女孩，工作啊、学习啊、群众关系啊、人品啊，她说我是经过慎重考虑的，才给你牵这个线，搭这个桥。（采访 Chi09）

[例113] I have confidence that can not separate or cut the rope between us. —— Interview Eng12（那不会切断我们的联系，使我们分开，我有这个信心。）

[例114] You cannot break the ties if two people say they love each other in God. —— Interview Eng12（如果你们都说以上帝的名义深爱彼

此，你们就不会分开。）

例112中的"牵线""搭桥"隐喻婚姻关系的建立，例113、例114中的"切断绳子"（cut the rope/break the tie）隐喻婚姻关系的终结。
"连接物"也可以是一个具体或抽象的概念。例如：

[例115] Children are the fruit and bond of a marriage. —— Anonymity, Love, Marriage and Family（孩子是婚姻的果实，是夫妻的连接。）

[例116] Love is what binds us, through fair or stormy weather. —— Modern Family（无论阴晴冷暖，爱把我们连在一起。）

值得一提的是，汉语、英语语料表明，在隐喻婚姻关系时，具体的"连接物"常常被省略，而是用bond/link/union/unit/joining/joint/mingle来描述这种连接关系。例如：

[例117] As time went on, I realized there is no way to really have a link with each other. —— Interview Eng11（随着时间的流逝，我意识到我们无法真正地建立连接。）

[例118] It really felt like we were a unit, we were working together. —— Interview Eng05（我真的感觉我们连接在一起，我们一起努力。）

[例119] They were truly a joint. —— Interview Eng10（他们是一种真正的连接。）

[例120] I like an open dialogue, and be respected of my decision making and my freedom to make the decisions and wanna to keep the bond. —— Interview Eng11（我喜欢公开的对话，我喜欢我做的决定及做决定

的自由能被尊重。我想保持我们的连接。)

此外，连接关系的程度有强弱之分。例如：

[例121] 尽管在这之前，我们都同床异梦，各怀鬼胎。但表面上还是如胶似漆，恩恩爱爱。(《我爱问连岳》 2013-09-03)

[例122] 在持久和谐的婚姻关系中，两个人的生命中已经你中有我，我中有你，血肉相连一般地生长在一起了。(周国平《宽松的婚姻》)

[例123] 就像两块磁铁一样，分不开。(采访 Chi03)

例121、例122、例123用"胶""漆""磁铁""血肉相连"隐喻婚姻这种连接关系的程度之高。

此外，汉语和英语中的"隔"(separation)、"鸿沟"(gulf)、"分开/分手/断了"(drift apart/pull apart/grow apart/push apart/break/break up/break down/split up)描述连接关系的危机或终结。例如：

[例124] 我觉得要是超过两个星期就有一点点的隔阂在。(采访 Chi06)

[例125] 我们大多数无趣的婚姻，主要出发点不是爱得不愿分开，而是为了堵他人的口。(《我爱问连岳》 2013-09-03)

[例126] 我们也吵过一次架，都说好了要分手的。她那边挺硬的，我这边又软了。(采访 Chi03)

[例127] 心里面指望着，你们俩能给我们这帮哥们破一例，能长久，就俩人，一辈子，打不散，骂不断。(《非诚勿扰2》)

[例128] When I start thinking about myself more than I think about the other person, what then begins to occur is separation and different road that I go down. —Interview Eng12（当我为自己考虑多于为另一半时，隔阂就会发生，我会走上一条不一样的路。）

[例129] We had stored up reserves of anger and resentment that pushed us apart. —Anita Gogno, Just Like New（心里积攒的愤怒让我们分开。）

[例130] When he confides his deepest feelings to a woman other than his wife, what he does is widen the gulf between them. —Dear Abby 2013-07-08（他向另一个女人，而不是他的妻子，袒露内心最隐秘的想法。事实上，这种做法会加深两人之间的鸿沟。）

[例131] She felt guilty about having to break up, you know, the divorce. —Interview Eng04（她对分手充满内疚，你知道，我说的是离婚。）

[例132] That's really becoming a breaking point with Catherine and I. —Interview Eng11（那真的成了我和凯瑟琳的一个决裂点。）

连接关系还可以失而复得或时有时无。例如：

[例133] 唯一的风险是，她与前夫的关系处于"让人无法抓狂，可又随时可以复合"的危险状态。（《我爱问连岳》 2013-08-30）

[例134] 可这几年，身边的朋友分分合合，结了又离，我早已看作家常便饭。（《我爱问连岳》 2013-09-03）

连接关系还有一些复杂的情况。例如：

[例135] 老公老婆彼此会更累心：他是不是嫌我不如她的前夫有钱？他是不是还跟前妻藕断丝连？（苏岑《半路夫妻长尴尬》）

[例136] 得知华雷出轨的事实，我和他的婚姻更加貌合神离。（佚名 《我们的婚姻何处安放？》）

在我们收集的汉、英语料中，"黏合剂"（cement/glue/gel）是用来维持连接关系的。例如：

[例137] 我可是家里的黏合剂，他们俩吵架就指着我调节气氛呢。（《婚姻保卫战》）

[例138] Thank you, dear God, you who are the cement between us. —— Marianne Williamson, A Prayer for Couples（谢谢你，上帝，你是我们之间的黏合剂。）

[例139] There are a lot of glues that keeps the marriage together. —— Interview Eng07（有许多维持婚姻的黏合剂。）

汉、英语料中应用"连接关系"来源域的隐喻表达统计如下。

表4.17 "连接关系"来源域

	采访	情感信箱	影视作品	文学作品	总计
汉语	3	3	4	3	13
英语	38	3	3	10	54

4.2.1.3 中心—边缘关系

中心—边缘也是一种空间位置关系。如图4.2所示，A是中心，对B有一种引力（如实线箭头所示），B是边缘，以A为参照中心。A与B之间有两种状态：一种状态是B向A靠拢，一种状态是B围着A转。

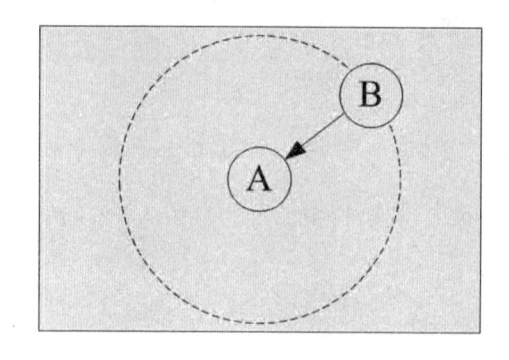

图 4.2　中心—边缘关系

汉语中，用中心—边缘关系描述、理解夫妻之间的婚姻关系。例如：

[例140] 这种人到今天我才醒悟，他没得变化了，太自我为中心，太自私了。他眼里只有他自己，从来没懂得体贴关心别人。（《我爱问连岳》2013-11-22）

[例141] 你们男人啊，为了让女人围着你们转，什么事儿都想得出来。（《婚姻保卫战》）

[例142] 因为我做得好，他没有理由不向我靠拢。（采访Chi07）

上述例句中的"围着…转""自我为中心""向…靠拢"等隐喻婚姻中的中心—边缘关系。例140突出在中心—边缘关系中，处于"中心"的一方妄自尊大、目中无人，以至于很可能意识不到"边缘"的存在；例141突出在中心—边缘关系中，处于"边缘"的一方以"中心"为基点，做重复的圆周运动；例142"向我靠拢"突出处于"边缘"的一方与中心点距离不断缩小，这种动态的位置关系一方面反映了处于"中心"的一方对处于"边缘"一方的影响力和感召力，另一方面也反映了处于"边缘"的一方在思想与言行上与处于"中心"的一方趋向一致。

我们没有在英语语料中发现用中心—边缘关系隐喻夫妻关系的例子，

但有三位英语受访者提到"丈夫是妻子的头"(the husband is the head of the wife)[①],头在人的身体中显然也占有中心地位(虽不是身体的中心点)。因此,宽泛地讲,也可以归入用中心—边缘关系隐喻婚姻关系一类。

汉、英语料中应用"中心—边缘关系"来源域的隐喻表达统计如下。

表 4.18 "中心—边缘关系"来源域

	采访	情感信箱	影视作品	文学作品	总计
汉语	2	1	2	0	5
英语	3	0	0	0	3

4.2.1.4 支撑关系

支撑关系也是一种空间位置关系。汉、英语都用支撑关系隐喻婚姻关系。支撑有两种情况,一种是单方面的支撑,一种是相互支撑。单方面的支撑是一方为另一方提供支撑,使另一方免于跌落、坠落或倒塌,而前者自身的运动状态不受是否支撑他物的影响。相互支撑是两个物体互为支撑,若一方跌落、坠落或倒塌,另一方也难以保全自身。两种情况如图4.3和图4.4。

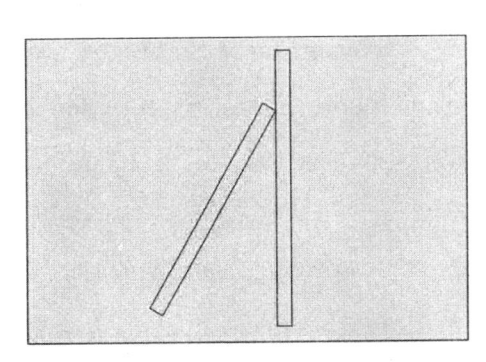

图 4.3 支撑关系 1

[①] 来自《圣经》,原文为:For the husband is the head of the wife, as Christ is the head of the church, his body, of which he is the Savior.(Ephesians 5:23)

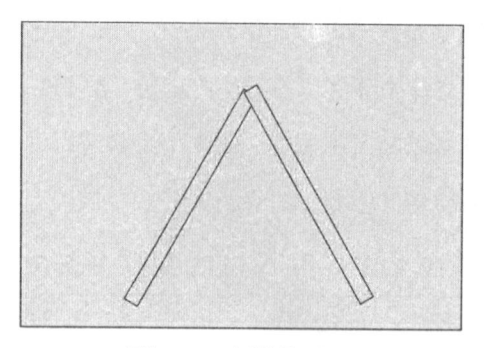

图 4.4　支撑关系 2

汉、英语中，人们用支撑关系描述、理解夫妻之间的婚姻关系。例如：

[例 143] 一个好老公就是女人最可靠的靠山。(《婚姻保卫战》)

[例 144] 筷子吧，就是双方要相互扶持，一根的话也没有用，必须要是两根在一起合作这样子。一根筷子，需要另一根去扶持他。(采访 Chi04)

[例 145] My assessment was that he was good and dependable and this was something that I could stick my future on. — Interview Eng09（我的判断是他很好，很值得依赖，我可以把我的未来托付给他。）

[例 146] Each of you supports the other. So if there isn't a support mechanism, life becomes more difficult. — Interview Eng 09（两个人得互相支持，如果没有这个支持机制，人生将变得非常困难。）

例 143 中的"靠山"、例 145 中的"寄托我的未来"(stick my future on)隐喻一种单方面支撑的关系，例 143 中"山"具有坚固、稳定的特点，例 145 中虽然没有明说支撑物是什么，但从英语短语 stick sth. on sth. 的惯常搭配来看，on 后面接续的支撑物也多为坚实的物体，如墙（wall）。因此，单方面支撑关系的空间隐喻描述的是婚姻中一方对另一方的强烈的依赖。

例144中的"筷子",例146中的"互相支撑"(support each other)隐喻双向的支撑关系。例144"筷子"的典型用途是吃饭、夹菜、此外还可以用来夹豆子,等等。筷子的功能决定了它在日常生活中通常是成双出现,一根筷子通常没有实用价值。因此,相互支撑的空间隐喻突出的是婚姻中主体间的相互扶持与帮助。

汉、英语料中应用"支撑关系"来源域的隐喻表达统计如下。

表4.19 "支撑关系"来源域

	采访	情感信箱	影视作品	文学作品	总计
汉语	2	0	8	1	11
英语	5	0	0	0	5

4.2.1.5 重合关系

重合关系指两个物体占据同一空间,两者之间没有距离。重合关系是一种比较特殊的关系。汉语和英语都通过空间隐喻把这种重合关系投射到婚姻关系上,婚姻主体拥有了"重合关系",即婚姻主体模糊了各自的界限,合二为一。重合关系分两种情况,一种是完全的重合,一种是部分的重合。如图4.5和图4.6所示。

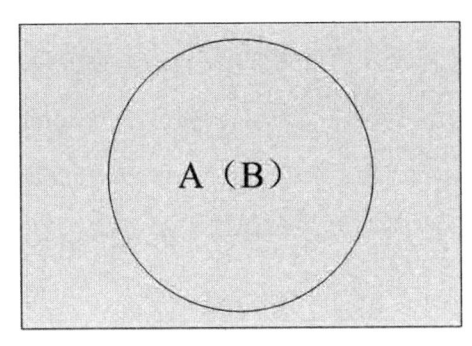

图4.5 重合关系1

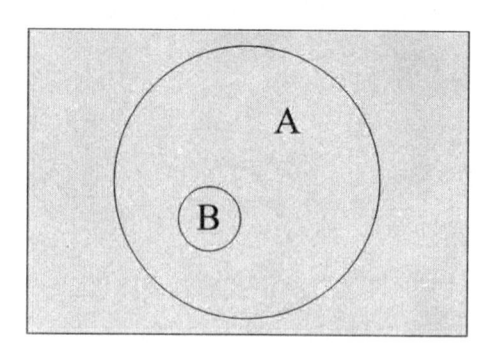

"婚姻"的认知模式：基于汉语和英语语料的隐喻分析　>>>

图 4.6　重合关系 2

汉、英语中，人们用重合关系描述、理解夫妻之间的婚姻关系。例如：

[例 147] 在持久和谐的婚姻关系中，两个人的生命中已经你中有我，我中有你，血肉相连一般地生长在一起了。(周国平《宽松的婚姻》)

[例 148] 结婚是一个信号，表明两个人如胶似漆仿佛要融成了一体的热恋有它的极限，然后就要降温，适当拉开距离，重新成为两个独立的人，携起手来走人生的路。(周国平《宽松的婚姻》)

[例 149] 我们俩像是两棵挨得比较近的树，种得离得比较近，夏天的时候可能互相的遮风挡雨，在这三年中可能根系慢慢地交叉到了一起，但原来是完全没有关系的两个独立的东西。(采访 Chi02)

[例 150] In the Bible, it says, the two become one person, one flesh, and we really feel that way. —— Interview Eng05 (《圣经》上说，夫妻二人，合为一体的血肉。我们真有那样的感觉。)

[例 151] We are one that can't be separated. There is a reason for us to become one. —— Interview Eng12 (我们是不能分离的一体。有一个原因使我们能成为一体。)

[例152] It's like being part of each other. Losing a partner is like losing your arm. —— Interview Eng07（我们觉得是彼此的一部分。失去另一半就像失去我的一条胳膊。）

[例153] I think he is kind like the air I breathe. He is like part of me. —— Interview Eng 05（我觉得他就像我呼吸的空气，他是我的一部分。）

上述例句中的"你中有我、我中有你""一体"（one）、"根系交叉到一起""同一血肉"（one flesh）都是隐喻夫妻间完全的重合关系；而"彼此的一部分"（part of each other）隐喻夫妻部分的重合关系。

汉、英语料中应用"重合关系"来源域的隐喻表达统计如下。

表4.20 "重合关系"来源域

	采访	情感信箱	影视作品	文学作品	总计
汉语	1	0	0	3	4
英语	12	0	0	0	12

4.2.1.6 前后关系

前后关系是一种空间方位关系。汉语和英语都用前后关系隐喻婚姻关系。例如：

[例154] 往往一个蠢男人的背后总有一个蠢女人，别人升官发财买车买房，原来完全不干自己的事，却能被一些女人转变为对自己男人的压力，把他逼得跟只狗一样到处去嗅利润的味道。（《我爱问连岳》2014-03-02）

[例155] With having her behind me being very positive helped me establish my business and be successful. —— Interview Eng07（有她在我身后，我的事业才能这样成功。）

[例156] Dad, for the last three weeks, I have bent over backwards for her. —Fireproof（爸爸，在过去的三周里，我对她一直卑躬屈膝、妥协退让。）

例154、例155都是描述性话语，都用前后这种空间关系描述两性关系。[例156]是电影《消防员》中的一句台词，男主人公为了挽回婚姻，改变了自己过往的强势性格，"向后"（backwards）一词具有动态性，是示弱的表现。和前两例相比，例156并非隐喻婚姻关系的常态，而是有权力博弈的动态意味。

汉、英语料中应用"前后关系"来源域的隐喻表达统计如下。

表4.21 "前后关系"来源域

	采访	情感信箱	影视作品	文学作品	总计
汉语	0	1	1	0	2
英语	1	0	1	0	2

4.2.1.7 上下关系

上下关系也是一种空间方位关系。汉语和英语都用上下关系隐喻婚姻关系。例如：

[例157] 一个家庭要太平，要么女人牺牲，要么男人退让。两人都想占上风，那还有好？一山不容二虎。（《婚姻保卫战》）

[例158] 怎么气场又变了，我又成低三下四的了。（《婚姻保卫战》）

[例159] I would have killed with this crowd, but you had to clip my wings, which you used to be the wind beneath. — Modern Family（我本可以征服这群人的，但你非要抑制我，而你以前总是推我向前的。）

[例160] He's trying to butter you up for a divorce. —— Fireproof（他这么做是试图讨好你，然后好和你离婚。）

英语语料中用上下关系隐喻婚姻关系的仅 [例159]、[例160] 两处。例159是《摩登家庭》中的男主角 Cameron 的一句台词。在同性恋"夫妇" Cameron 和 Mitchel 的关系中，Mitchel 被他的另一半隐喻为"下风"（the wind beneath），有推人向前，促人成功的功能。例160是电影《消防员》中的台词，女主人公凯特的同事告诉她，她丈夫的"异常"表现（如买花，帮她煮咖啡等各种"讨好"的行为）是为了离婚时卷走更多财产。"讨好"（butter sb. Up）含有很强的动态性，指把一个人的地位抬高，同例156一样，不代表婚姻关系的常态。

汉、英语料中应用"上下关系"来源域的隐喻表达统计如下。

表 4.22 "上下关系"来源域

	采访	情感信箱	影视作品	文学作品	总计
汉语	0	0	4	0	4
英语	0	0	2	0	2

4.2.2 具有社会、文化属性的来源域

当人们把婚姻当作一种关系描述、理解、谈论时，第二类来源域是：具有社会文化属性的来源域。这类来源域受文化传统、社会生活和个人审美的影响较大。这类来源域包括以下六种：相似关系、匹配关系、拥有关系、交换关系、对抗关系、其他人际关系。我们依次来看。

4.2.2.1 相似关系

相似是人们对客观事物相类、相像程度的一种主观的反应。汉语和英语都用相似关系隐喻婚姻关系。

[例161] 我就是男版的他，他就是女版的我。如果我是一个男的的话，很可能就是他这个样子，如果她是一个女人的话，他可能就是我这个样子。(采访 Chi01)

[例162] 尽管环境会千变万化，但夫妻之间的相互给予和奉献，使他们共同进入一个崭新的天地，那就是所谓比翼齐飞、珠联璧合的境界，即婚姻的成熟期。(徐岫茹《婚姻是一种缓慢生长的植物》)

[例163] 我告诉你啊，在对待闺女的教育问题上，你最好步调跟我保持一致了。(《婚姻保卫战》)

[例164] 但是除了跟她做夫妻，我还是希望从她身上找到那种棋逢对手，将遇良才，高山流水遇知音的感觉。(《婚姻保卫战》)

[例165] So the Bible says, a Christian should not be unequally yoked. —Interview Eng 05 (所以圣经上说，信与不信不能同负一轭。)

[例166] Because I was immature, I wasn't her intellectual equal. —Interview Eng09 (因为我当时还很不成熟，所以学术方面，我和她不在一个等级上。)

例161中，受访者用"我是男版的他，他是女版的我"这种极高程度的相似隐喻夫妻二人的关系。例162中，"珠联璧合"的意思是珍珠串在一起，美玉结合在一起，隐喻类似事物的聚集；例163中，"步调一致"喻指双方对待教育问题价值观的相似；例164中，"棋逢对手"喻指夫妻双方知识、见识在同一高度上；例165中，受访者引用圣经上的话，用两头都上了轭，一同劳作的牛或马隐喻相同宗教信仰的重要性。

汉、英语料中应用"相似关系"来源域的隐喻表达统计如下。

表 4.23　"相似关系"来源域

	采访	情感信箱	影视作品	文学作品	总计
汉语	5	1	6	1	13
英语	2	0	0	0	2

4.2.2.2 匹配关系

匹配是人们对客观事物搭配程度的一种主观反应。两个事物是否匹配也因人、因文化而异。汉语和英语都用匹配关系隐喻婚姻关系。汉语如"夫妻相""将遇良才""琴瑟和谐""双人舞""门当户对""同一套碗筷碟勺""脚和鞋""英雄和美人"等；英语语料中有"匹配"（a good fit/match up）、"互补"（complement each other）。例如：

[例167] 用双人舞来形容婚姻，两个人配合得好，这就是一场完美的演出，两个人配合得不好，这就是磕磕碰碰。（佚名 《婚姻是一场冒险》）

[例168] 有这样的说法：原配夫妻是同一套碗筷碟勺，看着配套，用着舒服，半路夫妻是两套摔剩下的碗筷碟勺勉强拼凑成一套，虽然也是一样地使用，但难免有不配套的尴尬。（苏岑 《半路夫妻常尴尬》）

[例169] 假如他们足够幸运，又足够成熟，因此能够足够长久的相爱，那么，他们倒也能做到情深意笃，琴瑟和谐，成就一段美满姻缘。（周国平 《婚姻反思录》）

[例170] 我们俩的朋友都说，我们俩看起来挺有夫妻相的。同事都说，我们俩处理很多问题的态度都很像。（采访 Chi02）

[例171] As there are fewer conflicts and disagreements about decision making, we seem to match up fairly well. — Interview Eng01（随着我们

87

在有关决策问题上的分歧和争端越来越少，我们似乎越来越相配。）

[例172] They just complemented each other so well. —— Interview Eng02（他们俩非常地互补。）

[例173] It was just a good fit. —— Interview Eng05（他们非常地般配。）

汉、英语料中应用"匹配关系"来源域的隐喻表达统计如下。

表4.24　"匹配关系"来源域

	采访	情感信箱	影视作品	文学作品	总计
汉语	2	0	5	5	12
英语	4	0	0	0	4

4.2.2.3 拥有关系

婚姻中的主体是两个独立的个体，但汉语中，人们用一方拥有（或占有）另一方描述、理解婚姻关系。被拥有（或占有）的一方通常被看作是没有独立人格的物品。例如：

[例174] 可老常就是不支持我，总以为我跟他结了婚，就成了他的私有财产了。(《婚姻保卫战》)

[例175] 在女人从属于男性时，家暴是男性的特权，就像他们可以摔碎手中的杯子一样。(《我爱问连岳》2013-12-02)

此外，在一些隐喻表达中，双方都是没有独立人格的，如猫和鱼、国家与其领土主权，但显然，这样的关系也是一种拥有与被拥有，占有与被占有的关系。例如：

[例176] 这协议让你起草，整个一个把鱼交给猫看管嘛。(《婚

姻保卫战》)

[例177] 其实我懂：你的小鞭子不光抽我一人，你的预防针也不仅只给我一人打的，你这也是跑马圈地，宣示主权的一种。(《婚姻保卫战》)

我们在英语语料中没有发现用拥有关系隐喻婚姻关系的例子。汉、英语料中应用"拥有关系"来源域的隐喻表达统计如下。

表 4.25 "拥有关系"来源域

	采访	情感信箱	影视作品	文学作品	总计
汉语	2	2	20	0	24
英语	0	0	0	0	0

4.2.2.4 交换关系

交换关系分为两种不同的情况。在商品经济出现之前，交换关系主要体现为一种合作关系，如中国传统的"男耕女织""搭伙过日子"等。以"男耕女织"为例，男人将种田所得与女人分享，女人将织布成果与男人分享，因此，表面上看，男耕女织是一种分工，实质上可以理解为一种交换关系。商品经济出现后，交换关系突显为一种取和予的关系，双方更多考虑交换过程中的公平性。汉、英语都用交换关系隐喻婚姻关系。例如：

[例178] 父母的婚姻就很传统啊，就是男耕女织。（采访 Chi02）

[例179] 男人负责打猎，女人负责垒窝，打天下的任务就得男人扛着。(《婚姻保卫战》)

[例180] 即便婚姻屡屡不幸，找个伴搭伙过日子也依旧会是大多数人的第一选择。(苏岑《半路夫妻常尴尬》)

[例181] 我妈妈和我继父，我觉得是各取所需吧，我继父那边，

可能也是想重组一个家庭,享受家庭的温暖,然后有儿子,我妈妈这边,可能想要一个男的,承担起抚养我们的责任,一个人可能比较困难,这段婚姻是一段各取所需的婚姻,十年就结束了。(采访 Chi04)

[例182] 感情好的时候,你多拿我一点,我多拿你一点,根本没有问题,感情不好的时候,你看看?连铅笔芯都要算一算,你信不信?(采访 Chi03)

[例183] We decided to join our forces. — Interview Eng11(我们决定搭伙过日子。)

[例184] It's hard to say. We kind of trade off. — Interview Eng04(很难说,在某种程度上,我们完成了一种交换。)

[例185] I'd like him to buy me flowers, send me handwritten notes, take me to romantic candlelit dinners, etc. I reciprocate by giving him back rubs, baking him his favorite pie and buying him small gifts. —Dear Abby 2013-08-25(我想让他给我买花,送给我手写的卡片,带我去吃浪漫的烛光晚餐。作为回报,我愿意为他挠后背,做他最喜爱的派,给他买小礼物。)

例178—例180及例183中的"男耕女织""男人负责打猎,女人负责垒窝""搭伙过日子"(join our forces)描述的是一种合作关系;例181、例182描述的是一种取和予的关系;例185中,reciprocate 一词的意思是"互给",描述的也是一种取和予的关系。

汉、英语料中应用"交换关系"来源域的隐喻表达统计如下。

表 4.26 "交换关系"来源域

	采访	情感信箱	影视作品	文学作品	总计
汉语	10	0	5	3	18
英语	4	1	0	0	5

4.2.2.5 对抗关系

汉语和英语都用对抗关系隐喻婚姻关系。这类例子在两种语言中都有很多。对抗的目的往往是分出高低、胜负。例如：

[例186] 可以这样来说，太阳和云。因为云过来的时候会把太阳盖住，太阳有的时候又出来了。我们有的时候角色会是这种，有的时候我就特别想当太阳。然后他盖住我的时候我就会跳起来，然后要挣扎着，要露出来，但有的时候呢，他要当太阳，他就觉得他很重要，因为太阳毕竟比云重要。他就觉得天空应该是他的。云就在边上飘就行了。你就变淡一点，你不要那么的黑暗，清清爽爽的，可有可无的，若隐若现的，很柔。我就有时候不仅当了黑云，然后就想盖住，就很愤怒，就变成黑云彩，然后黑压压一片就过来了，要把他盖住，那种。（采访 Chi05）

[例187] He saw it is a competition. —— Interview Eng10（他将之视为一种竞赛。）

[例186]中，受访者用太阳和云的关系隐喻夫妻之间的关系，"盖住""跳起来""挣扎""要露出来""愤怒"等突出的就是这种对抗的关系。汉语中还用"打擂台""辩论会""东风和西风""猫和老鼠""冤家对头""仇人""仇敌"，英语中还用"比赛"（contest）、"敌人"（enemy）等隐喻夫妻间的对抗关系。

此外，汉语中有一些关于对抗关系的隐喻表达，带着很强的中国特色。例如：

[例188] 我就是孙猴子，钻到铁扇公主肚子里去了。表面上她给我吃了，其实，我捏着她命门呢。(《婚姻保卫战》)

[例189] 如今月亮的光芒已赛过太阳。(《婚姻保卫战》)

[例190] 这就叫道高一尺魔高一丈。(《婚姻保卫战》)

[例191] 夫妻嘛，过日子，都一样，哪有勺不碰锅的啊。(《婚姻保卫战》)

在各种对抗关系中，敌我关系是最典型的一种对抗关系。在我们收集的汉语语料中，有大量用敌我关系去描述夫妻关系的隐喻表达。如：夫妻在"两个阵营"、有各自的"阵地"；夫妻矛盾是"敌我矛盾"，要"斗一斗"，卷入的"战争"是"消耗战""持久战""恶战""拉锯战""长期抗战"，有多个"回合"、也有"战争局势"；夫妻的对抗有"导火索""炮引子""火药味""武器""作战方案""斗争策略""杀手锏"；对抗的场面是"战火纷飞""烽火连天""硝烟弥漫""敌人在暗我在明"；夫妻对抗的目的是"分出个胜负""争个你死我活"，对抗的形式有"武斗"、也有"文斗""冷战"；夫妻双方，强势对弱势的一方是"镇压""封锁""白色恐怖""制服""蹂躏""步步紧逼"，弱势对强势的一方是"挑衅""防范""提防""反击""反抗""被蹂躏"；夫妻对抗的状态可能是"势均力敌"，也可能一方"转劣势为优势"，对抗的结果可能是"赢""失败""收复失地""收回主权""光复""受伤""签订丧权辱国的协议""僵持""停战""升级""偃旗息鼓""阶段性胜利""两败俱伤""缴械投降""功亏一篑""战火熄灭""看见胜利曙光"，对抗后有"斗争经验"。

英语里也有不少用敌我关系描述夫妻关系的隐喻表达，如"打仗"（fight）、"冲突"（conflict/clash）、"战役"（battle）、"对峙"（confrontation）、"武器"（weapon）、"打平手"（have a tie）等。

汉、英语料中应用"对抗关系"来源域的隐喻表达统计如下。

表4.27 "对抗关系"来源域

	采访	情感信箱	影视作品	文学作品	总计
汉语	3	13	81	5	102
英语	24	4	3	1	32

4.2.2.6 其他人际关系

对绝大多数人来讲，婚姻关系是较晚形成的一种人际关系。因此，人们也用家庭生活、工作及社会交往中的其他人际关系理解婚姻关系。用来理解婚姻关系的其他人际关系包括以下几类。

（1）血亲关系

父母—子女关系、兄弟姐妹关系是我们较早体验到的人际关系。汉、英语料中都有用血亲关系隐喻婚姻关系的例子。例如：

[例192] 比较浅层次的看就是互相信任，就是彼此在心里都认为，我把你当亲人看，亲人之间是不会有背叛的。（采访Chi08）

[例193] 他在我们婚姻中，从我们恋爱开始，一直扮演的是一个大哥哥的角色，而我扮演的是一个小妹妹的角色。怎么说呢，这么多年了，就他什么都依着我，照顾我，就这样。（采访Chi06）

[例194] Well, honey, please, let's try to remember that I am your wife, not your mom. So in the future, you don't need to hide things from me. Okay? —Modern Family（哦，亲爱的，你得记住，我是你的妻子，

不是你的妈妈。以后，你有什么事没必要瞒着我。好吗？）

[例195] He sometimes makes me feel like a teenager hiding from my parents. —Dear Abby 2013-06-30（有时候，他让我觉得自己是个小孩，老在躲着父母。）

[例196] Because I am overtly caring, too much of a mother, so to speak, instead of letting her do what she can do. —Interview Eng10（我对她过于照顾了，很少让她做力所能及的事情，这么说吧，很像个妈妈。）

例192中，受访者用亲人关系隐喻婚姻关系，强调婚姻双方要互相信任，彼此忠诚。例193用大哥哥与小妹妹的关系、例196用妈妈和孩子的关系隐喻婚姻关系，描述的是一种单方面的依赖关系。例194、例195用父母—孩子关系理解婚姻关系，强调婚姻关系中，双方应彼此坦诚。

汉、英语料中应用"血亲关系"来源域的隐喻表达统计如下。

表4.28 "血亲关系"来源域

	采访	情感信箱	影视作品	文学作品	总计
汉语	7	0	0	0	7
英语	1	1	2	0	4

（2）宾客关系

在汉文化中，"礼"的概念源远流长。"宾客之礼"是"礼"的重要组成部分。因此，在汉语语料中，有用宾客关系隐喻婚姻关系的表达。例如：

[例197] 一种是人前伉俪相敬如宾，没吵过架，没拌过嘴，周围的人提起他们总是竖起大拇指夸赞是"夫妻楷模"。（苏岑《因为吵架，所以不会离婚》）

[例198] 就是不能说只是相敬如宾啊，孩子幸福成长啊，怎么怎么样。（采访 Chi05）

我们在英文语料中没有见到类似的例子。

汉、英语料中应用"宾客关系"来源域的隐喻表达统计如下。

表 4.29 "宾客关系"来源域

	采访	情感信箱	影视作品	文学作品	总计
汉语	1	0	1	1	3
英语	0	0	0	0	0

（3）队友关系

队友关系是人们在社会化进程中较为常见的一种人际关系。用队友关系隐喻婚姻关系，在英语里很常见。例如：

[例199] Look, uh, your mom and I are a team, and she, no, we feel like this is a chance for you to show some responsibility. —— Modern Family（听着，呃，你妈妈和我是一个团队，她，不，是我们都觉得这是一个让你表现责任感的好时机。）

[例200] To me, marriage is a team, and you have to have similar ways of doing things. —— Interview Eng02（对我来说，婚姻关系就是队友关系，婚姻中的两人有相似的处理问题的方式。）

我们在汉语语料中没有发现用队友关系隐喻婚姻关系的例子。汉、英语料中应用"队友关系"来源域的隐喻表达统计如下。

表 4.30　"队友关系"来源域

	采访	情感信箱	影视作品	文学作品	总计
汉语	0	0	0	0	0
英语	8	0	3	1	12

（4）朋友关系

朋友关系亦是人们在社会化进程中较为常见的一种人际关系。汉、英语都用朋友关系隐喻婚姻关系。例如：

[例201] 一个就是上一辈父母对我们的教育，再有我们夫妻两个人是经得起考验的，是毫不动摇的友谊和感情。那这就没有什么可说的，那作为夫妻两个该做到的都做到了。（采访 Chi09）

[例202] 我总觉得，夫妻二人之间的关系应该是多样化的，是彼此深爱的人，也是彼此最信任，时常沟通交流的好朋友。（采访 Chi08）

[例203] Don't misunderstand—Bob is a great guy, a good Dad and my best friend. — Dear Abby 2013-09-21（别误解，鲍勃是一个不错的人，一个好爸爸，也是我最好的朋友。）

[例204] I feel betrayed on every level, especially by my husband, who was my best friend. — Dear Abby 20140129（无论在哪一个层面，他都背叛了我。他，我的丈夫，曾是我最好的朋友。）

[例205] Your spouse is the best friend you can ever have. —Amina Alhassan, Your Marriage is Your Script（你的配偶将是你最好的朋友。）

汉语和英语都用极好的朋友关系"知音/知己"（soulmate）来理解夫妻关系。例如：

[例206] 但是除了跟他做夫妻，我还是希望从她身上找到那种棋逢对手，将遇良才，高山流水遇知音的感觉。

[例207] I feel like I have found my soulmate. —— Dear Abby 2013-11-27（我感觉我找到了知己。）

汉、英语料中应用"朋友关系"来源域的隐喻表达统计如下。

表4.31 "朋友关系"来源域

	采访	情感信箱	影视作品	文学作品	总计
汉语	2	0	2	0	4
英语	1	4	0	1	6

（5）领导与下属关系

领导与下属关系是个笼统的说法。这种关系包括但不限于：雇主与雇员的关系、首长与士兵、法官（狱卒）与犯人的关系、交警与司机的关系、老师和学生、管家与家庭成员的关系。这类关系有着鲜明的职业特色，双方在人格上平等。汉语和英语都用领导与下属的关系隐喻婚姻关系。例如：

[例208] 我不是罢工了嘛，根本没打算复工，起码现在，没有伺候兰大老板的意思。（《婚姻保卫战》）

[例209] 亲爱的，我错了，理当家法伺候，请老婆专程回来亲手执法。（《婚姻保卫战》）

[例210] 在这危险期，对老婆更好一点，这样事发后有从轻情节。（《我爱问连岳》 2013-10-14）

[例211] 到底还是我们古人智慧，"婚姻"的造字，其实就已经直指客观事实：一个发昏的女人框住了一大人（成年人）—— 婚姻

里男人被囚，女人看守。（池莉 《说说婚姻》）

[例212] 反正你当管家这几天，我是很轻松自在。（《婚姻保卫战》）

[例213] 哎，哪天我要给你交了白卷，你还不得一脚把我踢出去啊。（《婚姻保卫战》）

[例214] If you work hard in your marriage, your boss won't fire you. ——Interview Eng07（在你的婚姻里，如果你勤奋工作，你的老板不会炒你的鱿鱼。）

[例215] I serve as her mentor in a lot of ways to let her really excel. ——Interview Eng03（在很多方面，我像她的导师一样，帮助她出类拔萃。）

[例216] It is difficult for me to get an appointment with her. I need to make a reservation. ——Interview Eng03（我想和她见个面很难。我需要预约。）

例208、例214用雇主与雇员的关系描述婚姻关系；例209、例210、例211用法官／狱卒与犯人的关系理解婚姻关系；例212用管家与家庭成员的关系隐喻婚姻关系；例213、例215、例216用师生关系隐喻婚姻关系。

汉、英语料中应用"领导与下属关系"来源域的隐喻表达统计如下。

表4.32 "领导与下属关系"来源域

	采访	情感信箱	影视作品	文学作品	总计
汉语	5	1	22	2	30
英语	8	0	0	0	8

（6）主仆关系

中国经历了漫长的封建时代，在封建官僚体系中，皇帝是天子，是"主"，其他人无论职权高低，都是"臣"、是"仆"、是"奴才"，鲁迅纵观中国历史，提出了"想做奴隶而不得的时代"和"暂时坐稳了奴隶的时代"，可见主仆意识的深入人心。用主仆关系隐喻婚姻关系的例子在汉语语料中非常之多。这种关系的主要特点是突出夫妻双方的人格不平等。"主"被描述为"压迫者""大小姐""祖宗""大爷""大人""施暴者""慈禧太后""西太后"等;"仆"被描述为"保姆""奴隶""受虐狂""丫鬟"等。例如:

[例217] 现代社会啊,婚姻要想过得好,两个人都得努力。一个人当大小姐,一个人当仆人,这种婚姻是维持不下去的。(采访Chi03)

[例218] 但你要知道你为什么现在过得满意,不能折腾,比如我突然变大小姐了,天天让他给我端洗脚水,那这就属于"作"。不"作"就不会死。(采访Chi01)

[例219] 看小的怎么伺候您,保证让您找到慈禧太后的感觉。起驾。(《婚姻保卫战》)

我们没有在英语语料中发现用主仆关系隐喻婚姻关系的例子。汉、英语料中应用"主仆关系"来源域的隐喻表达统计如下。

表4.33 "主仆关系"来源域

	采访	情感信箱	影视作品	文学作品	总计
汉语	12	4	17	4	37
英语	0	0	0	0	0

4.3 讨论

上文我们基于汉语和英语语料,总结了人们建构"婚姻"这一概念时的概念隐喻来源域。汉、英拥有众多相同的婚姻概念隐喻,但隐喻表达也具有一定的差异性。这种差异主要体现在以下几个方面。

第一,阐释的详尽度有差别。概念隐喻中的来源域往往内涵丰富,不同语言往往对同一概念隐喻阐发的程度不同。例如,汉、英语中都有"婚姻是表演"这一概念隐喻。汉语中将"戏"中的演员、角色和表演行为投射到婚姻上，但英语除此之外，还将"戏"的"脚本"（script）等投射到婚姻上。再如，汉、英语中都有"婚姻是建筑结构"这一概念隐喻。汉语中只将"建筑结构"的稳定状态投射到婚姻上，但英语除此之外，还将建筑结构的建造过程投射到婚姻上。

第二，语言表达方式有差别。不同语言可用不同的语言表达方式呈现同样的思维隐喻。例如，汉、英思维中都有"婚姻是容器"这一概念隐喻。汉语多用名词构建容器隐喻，而英语往往依赖动词和介词构建容器隐喻。

第三，具体程度不同。对同一个来源域，不同语言可能会选择具体程度不同的隐喻表达。如汉、英语中都有"婚姻关系是支撑关系"这一概念隐喻。英语用"支撑"（support），而汉语则用更为具体的"筷子""相互依偎的两棵树"等隐喻这种支撑关系。再如汉、英语中都有"婚姻是匹配关系"这一概念隐喻。英语用"匹配"（a good fit/match up），而汉语则用更为具体的"琴瑟和谐""门当户对""将遇良才"等隐喻这种匹配关系。

4.4 本章小结

我们将汉、英语应用不同来源域的隐喻表达统计汇总如下。

表 4.34　"视婚姻为整体"的概念隐喻来源域

来源域	汉语	英语
可分解的物质	16	13
有机体	21	14
运动	38	56
建筑结构	23	13
机械	2	9
容器	37	12

续表

来源域	汉语	英语
烹饪材料或用具	4	0
视觉	3	7
听觉	2	2
味觉	21	2
触觉	20	6
契约	10	11
表演	11	4
冒险	3	8
私有财产	0	5

表 4.35 "视婚姻为关系"的概念隐喻来源域

来源域	汉语	英语
毗邻关系	11	6
连接关系	13	54
中心—边缘关系	5	3
支撑关系	11	5
重合关系	4	12
前后关系	2	2
上下关系	4	2
相似关系	13	2
匹配关系	12	4
拥有关系	24	0
交换关系	18	5
对抗关系	102	32
血亲关系	7	4
宾客关系	3	0
队友关系	0	12
朋友关系	4	6

续表

来源域	汉语	英语
领导与下属关系	30	8
主仆关系	37	0

由表4.34和表4.35可见，当人们视婚姻为一个整体时，建构"婚姻"这一概念的"私有财产"来源域仅见于英语语料，未见于汉语语料；"烹饪用具或材料"来源域仅见于汉语语料，未见于英语语料，其余的来源域为汉语和英语共有，即：可分解的物质、有机体、运动、建筑结构、机械、容器、视觉、听觉、味觉、触觉、契约、表演、冒险。汉语中，五种最常见的来源域依次是：运动来源域；容器来源域；建筑结构来源域；有机体来源域；味觉来源域。英语中，五种最常见的来源域依次是：运动来源域；有机体来源域；可分解的物质来源域；建筑结构来源域；容器来源域。

当人们视婚姻为一种关系时，建构"婚姻"这一概念的"拥有关系""宾客关系""主仆关系"三类来源域仅见于汉语语料，未见于英文语料；"队友关系"来源域仅见于英文语料，未见于汉语语料，其余的来源域：毗邻关系、连接关系、中心—边缘关系、支撑关系、重合关系、前后关系、上下关系、相似关系、匹配关系、交换关系、对抗关系、血亲关系、朋友关系、领导与下属关系为汉语和英语共享。汉语中，五种最常见的来源域依次是：对抗关系；主仆关系；领导与下属关系；拥有关系；交换关系。英语中，五种最常见的来源域依次是：连接关系；对抗关系；重合关系；队友关系；领导与下属关系。

隐喻是一种认知手段，通过若干婚姻概念隐喻，人们可以更好地了解婚姻是怎样一回事，婚姻关系是怎样的一种人际关系。在汉语和英语就"婚姻"所建构的概念隐喻中，是否蕴含着某种统一、基本的认知模式呢？在下一章，我们将对这一问题进行分析。

第 5 章 婚姻的认知模式

第 4 章基于汉语和英语语料，归纳了婚姻概念隐喻。那么，当我们建构"婚姻"这一概念时，为什么依赖这些概念隐喻，而不是其他概念隐喻？本章将基于 Grady 的基本隐喻理论和 Kövecses 的隐喻认知文化视角，探索这些概念隐喻的体验来源和意义焦点，进而提炼出蕴含在这些概念隐喻当中的婚姻认知模式。在此基础上，我们将探讨汉语和英语思维中婚姻认知模式的异同点。本章将回答研究问题二。

5.1 婚姻的认知模式之一：视婚姻为整体

当我们将婚姻看作一个整体时，婚姻的认知模式共有七种，这七种认知模式为汉语和英语思维共享。

5.1.1 婚姻具有先决条件

当人们用植物的根（或种子）、建筑结构的基石（或地基）、运动的起点等描述、理解、谈论婚姻时，相应概念隐喻蕴含的认知模式是：婚姻具有先决条件。

以有机体中的植物为例，当植物健康状况良好时，生命力较强；当植物生病时，生命力较弱，甚至有死亡的危险。因此，婚姻的生命力是"婚姻是有机体"这一概念隐喻的意义焦点。那么，决定婚姻生命力的因素有哪些呢？

植物地上与地下部分的生长是相互依赖的，它们之间进行着物质与能量的交换。良好的根系为植物地上部分提供生长所需的水、矿物质等，汉语中有"根深叶茂""本固枝荣"的说法。因此，"根本"稳固，是婚姻富有"生命力"的重要保障。人们用植物的"根""本"描述、理解婚姻，突出婚姻的先决条件。例如：

[例1] 尤其具有现代文明意义的是，邓颖超坚持了爱情是婚姻的根本。（池莉 《说说婚姻》）

[例2] 只有当它的根深深地扎入地下，当它的花有充分的养料和阳光雨露，才能使人们一年又一年充分地享受它的甜美果实。（徐岫茹 《婚姻是一种缓慢生长的植物》）

此外，"种瓜得瓜，种豆得豆"是生物界中普遍存在的一种遗传现象，是由生物体内的遗传物质决定的。当人们为婚姻播下爱的种子，预示着婚姻也能结下爱的果实。因此，用"给婚姻播种"描述与理解婚姻，突出的同样是婚姻的先决条件。例如：

[例3] If we want to have intimate, strong, committed marriages, we must sow seeds of love, grace, truth, compassion, and kindness. ——Lisa Great, Divine Principles for Success（如果我们想拥有亲密无间、坚如磐石的婚姻关系，我们就要给婚姻播下爱、慈悲、诚实、同情和善意的种子。）

再以建筑结构为例,由于重力的作用,建筑结构的上层结构依赖下层结构(如地基、基石),这种依赖是单方面、非对称的。换言之,如果下层结构不存在,上层结构根本不可能存在。下层结构是基础,支撑着上层结构,对整个建筑结构起着至关重要的作用。此外,对于很多建筑结构来讲,承重梁也是结构中重要的一部分,它和其他部分的依赖性也是非对称的。因此,非对称的依赖性是"婚姻是建筑结构"这一概念隐喻的意义焦点之一。人们用"地基""基石""支柱""承重梁""主体结构""钢筋构架""基础"(bases/foundation/basis)等描述、理解、谈论婚姻,突出婚姻的先决条件。例如:

[例4] 婚后两年多,虽然有过摩擦,但也在爱的基础上求同存异。(《我爱问连岳》 2013-11-11)

[例5] 可见爱情这个东西,在婚姻里头,不管你承认还是不承认,它都尤其重要,它就是婚姻的骨头、支柱、钢筋构架、坚固基石。(池莉《说说婚姻》)

[例6] Marriage based on economic and political factors can equally be fragile. —— Interview Eng01(基于经济和政治因素的婚姻可能同样脆弱。)

[例7] That I follow what the Bible says is my foundation of marriage. —— Interview Eng12(我谨遵《圣经》的教导,那是我婚姻的基础。)

最后,以运动为例,朝向指定目的地行进,是人们自小就有的基本体验之一。父母在训练孩子走路时,往往在离不远处拿一个孩子喜欢的物体吸引他(她)的注意力,孩子为了拿到这个东西,会摇摇晃晃地走过去。父母为了让孩子走得更熟练也会不断加长这段距离。因此,目标导向性是"婚姻是运动"这一概念隐喻的意义焦点。

运动的起点是运动的必要元素，运动的起点位置部分决定了到达终点的距离远近、时间长短，是能否顺利到达终点的重要条件之一。因此，用运动的起点描述、理解婚姻，亦突出婚姻的先决条件。例如：

[例8] 你们本来可以过得不错的，你对生活有担当，坐拥两套房子，父母容易对付，也有点钱创业。婚姻的起点比同龄人好很多，可是极端性格还是会把这一切摔烂。(《我爱问连岳》 2013-11-04)

[例9] How did you get a good start with Tina? —— Fireproof（你和蒂娜的起点怎么那么好？）

5.1.2 婚姻是困难的

当人们用物质的分解、有机体的病痛、运动中的阻碍、建筑结构的倒塌及一些感觉域描述、理解、谈论婚姻时，蕴含在这些概念隐喻当中的婚姻认知模式是：婚姻是困难的。婚姻的困难性体现为以下几个方面。我们依次来看。

"婚姻是困难的"这一认知模式蕴含在"婚姻完整性丧失"的隐喻表达中。当人们用可分解的物质描述、理解、谈论婚姻时，突出的是婚姻的完整性。换言之，婚姻的完整性是"婚姻是可分解物质"这一概念隐喻的意义焦点。在我们收集的用"可分解的物质"描述婚姻的隐喻表达中，除了一处用"（美）满"描述婚姻，其余都是用"裂""破""碎了"（in tatters）、"破了"（broken）、"解体了"（dissolving）描述和理解婚姻。婚姻完整性的丧失体现的是婚姻的困难性。例如：

[例10] 中国的许多老人，即使条件许可，也要强行和成年孩子

住在一起，是孩子婚姻质量下降甚至破裂的主要原因。(《我爱问连岳》2013-08-01)

[例11] I think to the both of us, our marriage is probably irretrievably broke. — Interview Eng10（我想对于我们俩来说，我们的婚姻不可挽回地破碎了。）

"婚姻是困难的"这一认知模式蕴含在"婚姻生命力丧失"的隐喻表达中。前文论述过，当人们用有机体描述、理解、谈论婚姻时，"婚姻是有机体"这一概念隐喻突出婚姻的生命力。换言之，生命力是"婚姻是有机体"这一概念隐喻的意义焦点。当有机体染病时，其生命力会受到重大的威胁。因此，当人们用"不舒服""气质不好""病""致命""顽症""难症""潜伏症""死""夭折""害虫""不健康"等描述与理解婚姻时，婚姻生命力的丧失体现的亦是婚姻的困难性。例如：

[例12] 婚姻好似一种缓慢生长的植物。恋爱和新婚的浪漫，只是播种、孕育和发芽的时期。随着那植物的生长，它会长出粗硬的枝干和绿叶，但是也有争夺养料的无用的枝桠，在开花前后、结果之前，它最容易夭折和枯萎。(徐岫茹《婚姻是一种缓慢生长的植物》)

[例13] 违背这点的，婚姻难免越来越不舒服。(《我爱问连岳》2013-11-04)

[例14] 继往开来，承上启下，将婚姻中的顽症、难症、潜伏症一举清除。(《婚姻保卫战》)

[例15] 所以当婆婆有这样一个错误观念，进入到这个小家庭的话，这是致命的打击。(采访 Chi04)

[例16] Watch out for parasites. A parasite is anything that latches on to you or your partner and sucks the life out of your marriage. Marriage rarely survives if parasites are present. — Fireproof（当心寄生虫。寄生虫会抓入你和你的伴侣,把你们婚姻的生命力消耗掉。有了寄生虫,婚姻很难存活。）

"婚姻是困难的"这一认知模式蕴含在"婚姻遇到障碍物或婚姻偏移运动轨迹"的隐喻表达中。上文论述过,当人们用运动描述、理解、谈论婚姻时,"婚姻是运动"这一概念隐喻突出婚姻的目标导向性。换言之,婚姻的目标导向是"婚姻是运动"这一概念隐喻的意义焦点。运动过程中的障碍物会使运动主体的前进方向受阻,从而阻止其顺利地到达目的地。人们用"岔路""坎儿""磕磕绊绊""难关""障碍""荆棘""地堡暗礁""暗流""风雨""危险的激流"（dangerous current）、"暗礁"（hidden sandbars）、"岩石"（rocks）、"暴风雨天气"（stormy weather）、"大坝"（damn）、"阻拦物"（something getting in the way）等描述与理解婚姻时,运动途中遇到障碍物或偏移运动轨迹突出的亦是婚姻的困难性。例如:

[例17] 没有什么过不去的坎儿。（采访 Chi05）

[例18] 当我们用婚姻这只船运载爱情的珍宝时,我们的使命是尽量绕开暗礁,躲开风浪,安全到达目的地。（周国平《婚姻反思录》）

[例19] There have been times when we've gone through a rough patch. — Interview Eng08（我们也经历了一些磕磕绊绊。）

[例20] Often, marriages tend to drift. They get caught in dangerous currents. They get off course and head toward hidden sandbars. No one notice until it's too late. — Joanna Slan, Damaged Goods（婚姻往往像在水上漂流,会陷入危险的激流里,会偏离航向流向暗藏的沙洲。等

注意到时已经晚了。)

"婚姻是困难的"这一认知模式蕴含在"婚姻稳定性丧失"的隐喻表达中。建筑结构的直立性是人们从感知体验中可以直接获得的，是有形象内涵的。稳定性则是人们对这种体验一种主观的、心智上的反应。房屋是最典型的建筑结构。当我们看到一座房子矗立在那里时，可以认定房屋的结构是稳定的，进而可以推知：房屋可以住人；而当我们看到因某种原因而倒塌的房屋时，也可以推知房屋不稳定，里面不能住人了。因此，稳定性是"婚姻是建筑结构"这一概念隐喻的另一个意义焦点。汉、英语料中，人们用建筑结构的"摇摇欲坠""风雨飘摇""动荡""坍塌""断裂""倒塌""摇晃的"(shaky)、"倒塌"(collapse)、"落下"(fall)描述与理解婚姻时，婚姻稳定性的丧失亦突出婚姻的困难性。例如：

[例21] 我和我先生结婚不到半年，原本感情甚笃，但最近谈到关于何时要宝宝的问题两人开始产生分歧，并且争执愈演愈烈，连婚姻都快"风雨飘摇"了。(《我爱问连岳》 2013-09-17)

[例22] 坍塌的不只是我的家庭，还有对他深深地自责和眷恋。(《我爱问连岳》 2013-09-05)

[例23] But you're gonna let your marriage just brun to the ground.——Fireproof(但是这样做会让你们的婚姻彻底倒塌。)

[例24] I just think it was so tragic that their marriage fell apart.——Fireproof(我觉得他们婚姻的倒塌真是太悲剧了。)

值得一提的是，威胁建筑结构稳定的，还有雷、炸弹及火灾等。因此，当用这些隐喻表达理解婚姻时，突出的亦是婚姻的困难性。例如：

[例25] 它虽然会趋于平淡，但事实上是趋于稳定。它已经固定到那了，其实就是没什么变化了。风雨飘摇，就不管外面有什么打击，它都可以承受得住。一旦他们处于一种很稳定的状态了，如果双方中的一方去找了这样一个新鲜感，像一个雷一样，把这个房子炸了一角，没有把它完全摧毁，炸了一角。如果他们之前都已经很稳定了，也许可以把它修补一下，但是说如果在还没有稳定的情况下，就做了一些事情，就是说这个三角，房子是个三角，还没有稳定呢，就做了一些事情，我觉得就会是个炸弹，直接就会把这个房子炸飞了。（采访 Chi05）

"婚姻是困难的"这一认知模式蕴含在"婚姻运转性丧失"的隐喻表达中。机械的显著标志就是它的运作性。机械的运作是我们能够直接体验到的，这种体验可能依赖视觉，也可能依赖听觉、嗅觉、触觉等。机器是典型的机械。正常运作的机器须有足够的动力，各部件之间要协调顺畅，才能发挥作用，保证工作效率；而运作不良的机器或是因为没有足够的动力，或是因为各部件之间协调不畅，或是由于年久失修，无法发挥作用，影响工作效率。因此，运转性是"婚姻是机械"这一概念隐喻的意义焦点。汉、英语料中，人们用"摩擦""生烟生火""运作不良"（does not work /does not work out）描述与理解婚姻时，运转性的丧失亦突出婚姻的困难性。例如：

[例26] 没有这种滑润剂，再大的机器齿轮转动久啦，都会发生摩擦，生烟生火，搞得铁也软矣，钢也熔矣，一败涂地，不可收拾。（柏杨《婚姻的大敌》）

[例27] I'm sorry your parents' marriage didn't work out. —— Dear Abby 2013-09-07（你父母的婚姻运转不良，我感到很遗憾。）

"婚姻是困难的"这一认知模式蕴含在"婚姻是暗色"的隐喻表达中。对色彩的体验是人类的基本视觉体验之一。暖色和冷色、明色和暗色给人不一样的感觉。在我们掌握的汉语和英语语料里,当人们用暗色("灰""暗""黑")描述和理解婚姻时,突出的恰恰是婚姻的困难性。例如:

[例28] 然而回望自己灰暗婚姻带来的辛酸的人生经历,母亲终究深感"意气难平",无法开心愉快地安享丰衣足食、儿孙满堂的幸福晚年。(杨纯柱 《父母的婚姻》)

[例29] It was not that it's dark all the time. — Interview Eng04(但是我们的婚姻也不是一直那么黑暗。)

"婚姻是困难的"这一认知模式蕴含在"婚姻是苦味"的隐喻表达中。味觉体验也是人的基本体验之一。酸、甜、苦、辣等不同味道的东西,以不同的方式刺激人们的味蕾,给人们不同的口感。当人们用"苦"描述、理解婚姻时,突出的恰恰是婚姻的困难性。例如:

[例30] 为了面子、为了长辈的压力、为了生殖一时冲动的婚姻,都不是为自己活,婚姻趋向于痛苦就很难免了。(《我爱问连岳》2013-11-04)

[例31] 几年前,一位先生经历了一段暗无天日的痛苦婚姻。(《婚姻保卫战》)

[例32] Love is sweet, marriage is bitter. — Interview Eng11(爱情是甜的,婚姻是苦的。)

"婚姻是困难的"这一认知模式蕴含在"婚姻是冷/痒/疼/痛""婚姻是波澜"等隐喻表达中。触觉也是人的基本感官体验之一。"冷""疼""痛""痒"都是具体的触觉感受。汉语和英语都用这些触觉感受描述婚姻。这些触感多是一些负面的感受,突出了婚姻的困难性。

[例33] 我和李梅恋爱结婚整十年,我一直坚信自己是柳下惠,发生在别人身上那些乌七八糟的事,不可能发生在我身上,可这回,我也有点儿二乎了,也许真有七年之痒这么一说吧。(《婚姻保卫战》)

[例34] During the time our relation was getting colder and colder, I felt deeply that was too bad. —— Interview Eng04(我们俩的关系越来越冷,在那段时间里,我真的感觉太糟糕了。)

"波澜"是起伏不平的水面,"平或不平"属于触觉范畴。当人们用"波澜起伏""大起大落"等描述与理解婚姻时,依然是用触觉感受突出婚姻的困难性。

[例35] 孩子带来的,就是让婚姻里面的波澜起伏更大。(采访Chi05)

5.1.3 婚姻有约束性和排外性

当人们用容器、契约等描述、理解、谈论婚姻时,这些概念隐喻蕴含的认知模式是:婚姻具有对内的约束性。

以容器为例。当物质被容器装盛在内,容器对容器内的物质是一种隔离,使其难以逾越到容器之外。这种隔离是客观的,是不以人的意志为转移的。因此，容器的隔离性是"婚姻是容器"这一概念隐喻的意义焦点，当人们用容器描述、理解婚姻时，突出的是婚姻的约束性。例如：

[例36] 婚姻无非就是给自由设置一道门栏。在实际生活中，也许关得严，也许关不严，但好歹得有。没有这道门栏，完全开放，就不称其为婚姻了。婚姻本质上不可能承认当事人有越出门栏的自由，必然把婚外恋和婚外性行为视作犯规行为。（周国平 《宽松的婚姻》）

婚姻对内的约束性体现在两个方面：束缚感或归属感。不同的婚内主体对婚姻的约束性有不一样的感受：一些人会感到束缚，英文语料中的"感到被困"（feel trapped）、"感到窒息"（feel suffocated）、想要"走出去"（walk out）、"到外边转一转"（wander outside），汉语语料中的"牢笼""笼子""监狱""深渊""火坑""泥潭"都是突出因婚姻的约束性而产生的束缚感。例如：

[例37] 我估计老袁这会儿就应该像飞出牢笼的小鸟一样，自由快乐呢吧。（《婚姻保卫战》）

[例38] I just feel so happy to be out of it. —— Interview Eng10（能摆脱这段婚姻，我真是太高兴了。）

汉语思维中，婚姻的束缚感可能来自女性对男性的束缚。例如：

[例39] 到底还是我们古人智慧，"婚姻"的造字，其实就已经直指客观事实：一个发昏的女人框住了一大人（成年人）——婚姻里男人被囚，女人看守。（池莉 《说说婚姻》）

[例40] 这家庭就是女人给男人编织的牢笼。(《婚姻保卫战》)

此外，汉语中"锁链""镣铐""枷锁""紧箍咒"虽然不是典型意义上的容器，但功能或作用与容器相同，突出了婚姻带给人的强烈的束缚感。例如：

[例41] 你失去的，只是锁链，得到的却是自由和富有。(《婚姻保卫战》)

[例42] 结了婚就是戴上了镣铐枷锁，你跳舞都得戴着。你想要绝对的自由，就干脆别结婚。(《婚姻保卫战》)

与这种束缚性相对的，也可以说是共生的，是婚姻给婚内主体的一种归属感、安全感、甜蜜感。因此，人们也用"爱巢""家园""暖火坑""蜜罐"等隐喻婚姻。例如：

[例43] 如果婚姻这个爱巢里没有了那只鸟，这时你的思念会因为对方的缺席而滋长。(佚名 《幸福婚姻》)

[例44] 可怜杨丹啊，自己的家园都没了，还守着一个梦想家园，有什么意思？(《婚姻保卫战》)

可以说，束缚感和归属感是婚姻约束性的两个方面。汉语和英语思维中都蕴含着人们辩证思考，化不利为有利，甚至是苦中作乐的智慧。如：

[例45] 牢笼内外各有利弊，不过综合评估下来，我这个笼子还是不错的。(《婚姻保卫战》)

[例46] 火炕，你要弄好了，它烤在里面舒舒服服的，它也挺好啊，暖火炕啊。(《婚姻保卫战》)

[例47] If I restricted my self not have guns in my house, it's a certain restriction. I no longer have the freedom in my house, but it frees me not be concerned about my children accidentally hurting themselves or somebody else with that gun, things like that. — Interview Eng01（如果我在房屋里不能用枪，这当然是一种束缚，我不再拥有可以在房屋内用枪的自由，但与此同时，这也免去了我对孩子因枪误伤自己或他人的担心，诸如此类。）

[例48] 虽然没有用"容器"这一隐喻，但同样是用打比方的方式说明婚姻给人限制与保护的两重性。

再以契约为例。用契约、合同、协议等隐喻婚姻，其体验基础是显而易见的：当我们与人签订了一份契约（或合同、协议）时，这份契约（或合同、协议）就有了法律上的约束力。因此，当人们用契约（合同、协议）描述与理解婚姻时，突出的亦是婚姻的约束性。例如：

[例49] 婚姻究竟是什么意思？已有无数解释，比如婚姻是合同、是契约、是笼子、是马拉松长跑，是爱情的坟墓，是一种专制体制，是搭伙过日子。(池莉 《说说婚姻》)

此外，当人们用容器、私有财产等描述、理解、谈论婚姻时，这些概念隐喻蕴含的认知模式是：婚姻具有对外的排外性。

还以容器为例。我们上文讨论的婚姻的约束性是对婚内主体而言的，如果我们深挖"婚姻是容器"这一隐喻，不难发现：容器对于其内所盛的

115

物质是一种隔离，对于其外的事物同样是一种隔离：外面的事物被容器阻挡，难以进入其内。因此，当人们用容器描述、理解婚姻时，蕴含的另一个认知模式是：婚姻具有对外的排外性。例如，汉语中，影响婚姻的恋情是"婚外恋"，夫妻一方（或双方）在婚姻之外遇到的情人是"外遇""婚外吸引"，有时甚至会把夫妻之外的人统称为"外人""局外人"；英语中，影响婚姻的恋情是"婚外恋"（extramarital affairs），私生子是"婚外出生"（born out of wedlock）的孩子，都或多或少地体现了婚姻的排外性。

再以私有财产为例。公有财产和私有财产的划分与一个社会的经济基础密切相关。因此，"公有财产""私有财产"概念都是文化概念。私人合法财产受法律保护，不受侵犯。因此，私有财产的不受侵犯是"婚姻是私有财产"这一隐喻的意义焦点，当人们用私有财产描述与理解婚姻时，突出的亦是婚姻的排外性。

美国社会的经济基础是私有制，房屋是个人最主要的私有财产之一。美国人把婚姻看作自己的私有财产，享有绝对的所有权，他们称自己是婚姻的"拥有者"（possessor），甚至是"垄断者"（monopolist）。

婚姻的排外性同样体现在两个方面。一方面体现为对婚外主体的拒斥力，如例50中称婚姻的第三者为"小偷""入室者"，另一方面体现为对婚外主体的吸引力，如例51与例52。

[例50] He calls him a hypnotist or a thief or a home-breaker. —— Sydney Harris, Love is Not Merchandise（他将插足者称为催眠师、小偷和家庭破坏者。）

[例51] 很多人还是争先恐后地进入这座围城。（《婚姻保卫战》）

[例52] You have no idea what you are getting into. That is also a fun part of marriage. —— Interview Eng01（你不知道婚姻是什么样子，那也

是婚姻有趣的地方。）

5.1.4 婚姻有世俗性

当人们用烹饪材料或用具及部分感知域描述、理解、谈论婚姻时，这些概念隐喻蕴含的认知模式是：婚姻有世俗性。

以烹饪材料或用具为例。烹饪是再普通不过的日常体验，正常人每日都要吃饭，且一日三餐。柴米油盐、锅碗瓢盆在人们烹饪时都不可或缺，是我们看得见、摸得着，也经常使用的东西。用烹饪材料或用具隐喻婚姻，是为了说明：婚姻不是独立于生活的、花前月下的事情，婚姻是实实在在的世俗生活本身。因此，当人们烹饪用具或材料描述与理解婚姻时，突出了婚姻的世俗性。例如：

[例53] 经过岁月的洗礼与沉淀，婚后的爱情有机地融入了柴米油盐酱醋茶，并且失去了恋爱最初的光芒与繁华。（方益松 《婚姻就像沙做的塔》）

我们仅在汉语语料中发现了用烹饪材料或用具隐喻婚姻的例子，这可能和中国悠久的饮食文化有关。

此外，当人们用部分感知域描述与理解婚姻时，同样蕴含着"婚姻有世俗性"这一认知模式。以味觉为例，婚姻是一个漫长的过程，大多数人都要体会各种各样的悲欢，正如体尝食物不同的味道。而尝得多了，我们味觉的敏感性会下降，对于悲欢的感觉能力也可能有所钝化。因此，当人们用"乏味""无味"来描述、理解婚姻时，突出的亦是婚姻的世俗性。

[例54] 我说呢，我们俩都谈了七八年了，怎么越谈越没味呢。

(《婚姻保卫战》)

[例55] 那时候我就觉得事业啊、家庭啊，都到了很乏味的时候，就是锅碗瓢盆，孩子。夫妻之间的感情很淡，都倾注在孩子身上了。（采访 Chi06）

汉语语料中，人们用味觉（淡）与触觉（平）的叠加去描述婚姻的世俗性是最常见的。例如：

[例56] 当你准备和一个人共度一生时，婚姻趋向于平淡是必然的。(《我爱问连岳》 2013-12-08）

[例57] 任何激情四射最后都是归于波澜不兴，婚姻的实质就是平平淡淡。(《婚姻保卫战》)

[例58] 我事实上觉得婚姻就是那种平淡的状态，可能偶尔有一些小浪漫啊。（采访 Chi04）

[例59] 我觉得永远都是平平淡淡才是真，我不需要什么轰轰烈烈的，我也接受不了，我觉得平平淡淡就可以了。（采访 Chi07）

"婚姻有世俗性"这一认知模式不为汉语思维独有。我们在汉语和英语语料中都发现了用"从天上到地上"隐喻"结婚"的例子，突出的同样是婚姻的世俗性。例如：

[例60] 谈恋爱再能天上飞，结了婚就得落地下。吃穿用度，哪样不用钱啊。(《婚姻保卫战》)

[例61] 爱情，就是飘在空中的那种，还是没着地，一切都是悬着的那种，很轻飘飘的，飘飘欲仙的感觉，看不见的，抓不着的，

只是一种感觉,觉得好像心里面很舒适,但是婚姻是落到地上的,脚踏实地的。落到地面上的话,那地面上什么都有,而且能够看得见,抓得着的,就比较残酷一些。(采访 Chi05)

[例 62] When I felt we were reaching a solid ground, I asked my husband to give me an eternity ring. —— Anita Gogno, Just like new(当我们觉得脚踏实地时,我让我的丈夫给我买了结婚戒指。)

[例 63] It's the bedrock. It's the solid place. —— Interview Eng08(婚姻是人生的基石。它是一个踏实的地方。)

世界上绝大多数物体受重力而落在地上,而非悬浮或飘浮在空中。上面例子中的"落地下""落到地上""到达地面"(reaching a solid ground)、"基石"(bedrock)、"踏实的地方"(solid place)都隐喻婚姻的世俗性,"落"一词,指由爱情向婚姻的转变。与婚姻"落到地上的""脚踏实地的"不同,爱情是"飘在空中的""悬着的""轻飘飘的""看不见的""抓不着的",例 61 道出了爱情与婚姻的不同。

5.1.5 婚姻有风险性

当人们用各类冒险活动描述、理解婚姻时,"婚姻是冒险活动"这类概念隐喻蕴含的认知模式是:婚姻有风险性。

冒险活动的特点是:你可能会成功,也可能会失败。这种不确定意味着风险。汉语和英语思维都有这一认知模式。汉语里用"赌博""安全系数""保险系数"描述、谈论婚姻,用婚姻"不是终身保险"突出风险性的长期存在。英语里用"赌博"(gambling)、"冒险"(venture)、"过山车"(roaster)等有一定刺激和危险的事件描述婚姻。当人们用冒险活动理解婚姻时,突出的是婚姻风险性。例如:

119

[例64] 现代社会,婚姻家庭的安全系数已经下降了。(《婚姻保卫战》)

[例65] They really want to say I am willing to take a risk, like a gambling. —— Interview Eng12(他们确实想要冒这个风险,就像参与一场赌博。)

此外,人们还用有机体生长过程中的不确定因素隐喻婚姻,蕴含的同样是"婚姻有风险性"这一认知模式。例如:

[例66] 就像一个孩子能够正常地长大、结婚、有工作,就很冒险,其实,他能够做到这样就很顺利了。婚姻,也是这个样子,如果能够从开头,一直能够走到老,这也挺冒险的,中间肯定经历过很多的事情。(采访 Chi05)

5.1.6 婚姻有虚假性

当人们用"表演"描述、理解、讨论婚姻时,"婚姻是表演"这类隐喻蕴含的认知模式是:婚姻有虚假性。

人们在表演中,往往掩藏起真实的"我",呈现给观众剧中的"我",这个剧中"我"的性格或行为很可能和真实的自我相悖。人们用"表演"隐喻婚姻,突出婚姻的虚假性。

这一认知模式为汉语和英语思维共有。汉语用"扮演""表演""演戏"隐喻婚姻内的主体为避免矛盾,掩饰其自己真实的一面,伪装出另一副样子的行为;用"扮什么像什么""演技专业""影帝影后"隐喻表演技术之高,用"戏太过了"隐喻虚假被识破;英语也用"表演"(act)、"装傻"(play the fool)等隐喻,突出婚姻的虚假性。例如:

[例67] 心理素质真够好的啊，演技绝对够专业。你跟我演了好几个月的戏了，现在台都塌了你还跟我演呢。我倒要看你怎么收场。（《婚姻保卫战》）

5.1.7 婚姻需努力维系

当人们用保持物质的完整性、对建筑结构（如房屋）的建造与维护、对有机体（如植物）的照料、对容器外壁的增固、对既定运动目标的矢志不移、对机械的修理、给食物添加调料、管理表演的剧本等描述、理解、谈论婚姻时，这些隐喻表达蕴含的认知模式是：婚姻需努力维系。我们一一举例说明。

[例68] I always think I know what it would take to keep my marriage intact. —— Interview Eng10（我总是觉得我知道如何才能保持婚姻的完整。）

例68的潜台词是：保持婚姻完整需要一些什么（It takes something to keep marriage intact）。虽然作者没有明确指出需要的具体是什么，但我们可以从上下文推定，在作者看来，保持婚姻完整，需要的是相互信任、理解与沟通。

[例69] 张瑾，你曾经有过婚姻，应该有这种体会，建一个家，千辛万苦，毁一个家，一夜之间。（《婚姻保卫战》）

[例70] 建好一座塔需要几十年的艰辛与磨难。（方益松 《婚姻就像沙做的塔》）

[例71] 永远不要忘记为婚姻之塔添砖加瓦。（方益松 《婚姻就像沙做的塔》）

例69、例70用"千辛万苦""几十年的艰辛与磨难"突出维持婚姻需要长期的努力;例71用"添砖加瓦"突出婚姻非一劳永逸,总有进一步加固的必要性。

[例72] 走进婚姻生活的人,每个人都做一个勤奋的园丁吧,不断地耕耘、浇灌、除草、施肥,您的婚姻之树,定能枝繁叶茂。(徐岫如 《婚姻是一种缓慢生长的植物》)

[例73] 婚姻的本质更像是一种生长缓慢的植物,需要不断灌溉、加施肥料、修枝理叶、打杀害虫,才有持久的绿荫。(毕淑敏 《婚姻的四棱柱》)

[例74] Fight for it, build it, nurture it and do not let anybody trespass on the land that is your union. —— Antony Aris-Osula, Five Ways to Have a Fruitful Marriage(争取它,建设它,培育它,不要让任何人僭越属于你们二人的领地。)

[例75] Watch out for parasites. Marriage rarely survives if parasites are present. —— Fireproof(当心寄生虫。有了寄生虫,婚姻很难存活。).

例72用"不断地耕耘、浇灌、除草、施肥";例73用"不断灌溉、加施肥料、修枝理叶、打杀害虫"、例74和例75用"培育"(nurture)、"当心寄生虫"(watch out for parasites)理解婚姻,这些表达蕴含着同一的认知模式:婚姻需努力维系。

[例76] 风和日丽要跑,狂风暴雨也要冲,只有清醒如水的意志、持之以恒的耐力,才能撞到终点的红绳。(毕淑敏 《幸福家庭预报》)

例76用无论"风和日丽"还是"狂风暴雨",都要有"清醒如水的意志""持之以恒的耐力"隐喻维持婚姻需要的努力是不能间断的、是长久的。

[例77] 自从人类发明这部机器,它就老是出毛病,使我们为调试它、修理它伤透脑筋。(周国平 《调侃婚姻》)

例77用"调试"与"修理"婚姻这部机器理解婚姻,亦蕴含"婚姻需努力维系"这一认知模式。

[例78] We need to do something to spice our marriage. —— Interview Eng06(我们需要做点什么,给我们的婚姻加点料。)

[例78]中,给婚姻"加点料",针对的是婚姻的世俗性,"加点料"是使婚姻永葆活力的良方,是努力维系的一种具体表现。

[例79] It's simply your ability to manage your script well and stand through the thick and thin. —— Amina Alhassan,Your Marriage is Your Script(婚姻就是管理好你们演出的脚本,两人同甘共苦。)

例79"管理好演出的脚本"隐喻对婚姻生活的规划,这种规划也是努力维系的一种具体表现。

5.2 婚姻的认知模式之二:视婚姻为人际关系

当人们将婚姻看作一种关系时,婚姻的认知模式共有七种,为汉语和英语思维共享。这七种分别是：联结关系、亲密关系、互惠关系、和谐关系、竞争关系、相容共生关系、支配—从属关系。我们依次来看。

5.2.1 婚姻是联结关系

当人们用空间上的"连接关系"理解、描述、谈论婚姻时，"婚姻是连接关系"这一概念隐喻蕴含的认知模式是：婚姻是联结关系。

汉语和英语思维都体现出：婚姻这种联结关系可能是前定的。例如：

[例80] 前世结的梁子，好又好不成，散又散不了。(《非诚勿扰2》)

[例81] That we have joined years ago. — Interview Eng 07（我们早就连接在一起了。）

汉语和英语思维都看重"孩子"在婚姻这种联结关系上的重要性。例如：

[例82] 愿这个小小黏合剂让我们一起走到老，永不分开！（佚名《孩子是婚姻的黏合剂》）

[例83] That was a very bonding kind of experience. — Interview Eng04（孩子的到来让我们的连接更紧密了。）

英语思维看重"上帝"在婚姻这种联结关系上的重要性。例如：

[例84] Thank you, dear God, you who are the cement between us. — Marianne Williamson, A Prayer for Couples（谢谢你，亲爱的上帝，你是我们之间的黏合剂。）

[例85] The rope is really all of God's standards. — Interview Eng12（这

根绳子就是所有上帝的标准。)

英语思维更看重"性"在婚姻这种联结关系上的重要性。例如：

[例86] It's a symbol of being united.— Interview Eng08（它是夫妻联结的标志。）

[例87] It's good. It is an unifying factor for us. — Interview Eng 03（它很好，它让我们联结得更紧密了。）

[例88] It becomes like a knot in a rope. It's really difficult to break the knot. You continue to tie the knot every time you sort of engage in a sexual relationship. — Interview Eng12（性成为这种连接中的一个结。你很难解开这个结，你每一次发生性行为时，都把这个结系得更紧了。）

汉语思维更看重婚姻这种联结关系的机缘性。例如：

[例89] 真正以爱情为基础的婚姻永远不会大功告成，一劳永逸，再好的姻缘也不可能获得终身保险。（周国平《婚姻反思录》）

[例90] 对我来说，绝对是一个缘分的问题，有的人可能十几岁就遇到了，那你就能幸福地过六七十年，那有的人五十几岁才遇到，那这个缘分只能陪你三十年，而这个不确定性很强嘛，比如说他某一天变心了、破产了，或是因为赌博啊、欠债啊，他变了，那你们的缘分也就到此而止了。（采访 Chi01）

最后需要指出的是，"联结关系"不唯婚姻关系所有，"联结关系"是我们理解各种人际关系的一个基点。

5.2.2 婚姻是亲密关系

当人们用空间上的"毗邻关系"理解、描述、谈论婚姻时,"婚姻是一种毗邻关系"这一概念隐喻蕴含的认知模式是:婚姻是亲密关系。

汉语和英语都用空间上的"近""密"隐喻夫妻程度较高的亲密关系,用空间上的"远""疏"隐喻夫妻程度较低的亲密关系。这不难理解:当夫妻物理距离近时,往往心理距离也近,表现为卿卿我我,如胶似漆以至床笫之欢;而当物理距离远时,往往心理距离也远,表现为形同陌路,甚至分居异处。

汉语和英语思维里都有"婚姻是亲密关系"这一认知模式。例如:

[例91] 我们俩像是两棵挨得比较近的树,种的离得比较近。(采访 Chi02)

[例92] We only behave differently in our quests for closeness. —— Dr. Bonnie Eaker Weil, Challenges to a Lasting Relationship(我们俩对亲密度渴求的程度不太相同。)

5.2.3 婚姻是互惠关系

当人们用交换关系、支撑关系、宾客关系、朋友关系等描述、理解、谈论婚姻时,这些概念隐喻蕴含的认知模式是:婚姻是互惠关系。我们分别来看。

第一,汉语和英语思维都用"交换关系"理解婚姻中的互惠关系。交换本质上是一种取和予的行为。人们给予别人需要的东西,获得自己需要的东西。商品经济和市场经济的发展强化了人们的"交换"意识。人们参与到形形色色的商业活动中:买方给予卖方货币,获得了自己需要的商品;卖方给予买方商品,获得了自己需要的货币。人们各取所需,力求达到互惠与双赢。因此,"互惠"是"婚姻是交换关系"这一概念隐喻的意义焦点。

然而,取和予达到绝对平衡的情况几乎是不存在的。汉语中,当予大于取时,人们会觉得"赔本""亏本""折本""亏""上当";当取大于予时,人们会觉得"欠",于是不停地"算""衡量""权衡",用心里的"一杆秤",争取"达到平衡",对于取和予短期的失衡,人们也会"不计较"。同样,英语中用"交易"(trade-off/deal/business)隐喻婚姻的互惠关系,人们也在不断"衡量"(measure),希望能够"达到平衡"(find a balance/look for a balance),"互给"(reciprocate)一词的本义是"以同样的方式返回"(returning in the same way),体现的也是这种互惠关系。

但交换毕竟不是交易。大多数情况下,人们不会试图去"赚",取得"利益"最大化,这一点也为汉语和英语思维共享。

相对而言,汉语里,尤其是在年轻人中,用交换关系理解婚姻中的互惠关系很常见。例如:

[例93] 其实每个人心里都是有一杆秤的。不管他说出来还是没说出来,不管他自己察觉到还是没察觉到,有的人他每天都在算,你今天对我使了一个不好的脸色,那我两天都不和你说话,有的人以为他没有在算,其实他心里也是在算的,这非常正常。(采访 Chi01)

[例94] 婚姻关系在你没办法确定它是不是能持续一生的话,那你们之间的爱肯定是有条件的,你会去衡量,他爱你多少,你给他多少,但和父母之间不会。(采访 Chi02)

[例95] 其实现在想一想,觉得上当了。还是自己的原因,看人不准。(采访 Chi03)

[例96] 为对方付出,你是心甘情愿的,如果你觉得你亏了,你有这种心态,这段婚姻的基础就不牢固,就会出现你自己内心在衡

量,你自己会挣扎。(采访 Chi04)

[例97] 夫妻双方可能刚开始的时候我对你更好一点,奉献多一点这都没关系,迟早,在一个时间段内,是要达到一个平衡的,不可能一个人总是付出,总是爱另一个人多一点,在一个时间段内,他得要回报,我可能不是"要"这个回报,取这个回报,但是这个东西是说不来的,就是你得他发自内心地去回应你,这段关系的稳固程度才能更持久。(采访 Chi02)

[例98] 离了也是好朋友,散买卖,不散交情。(《非诚勿扰2》)

在上述例子中,例93指出:人们用心里的"一杆秤"去"计算"得失,而他们自身可能意识不到;例94对比了夫妻关系与父母—子女关系,指出两种关系的不同:父母—子女关系没有利益与得失的计较,而婚姻关系则不然;例96虽然指出夫妻都要心甘情愿地付出,但从"如果你觉得亏了"来看,受访者仍旧是从盈亏的角度思考问题;例97指出:夫妻在短时期内可能达不到互惠,但长久来看,互惠是维持稳固关系的必要条件。

第二,汉语和英语思维都用"支撑关系"来理解婚姻中的互惠关系,"互惠"亦是"婚姻是支撑关系"这一概念隐喻的意义焦点。汉语中用"两根筷子"的相互支撑、"两棵树"的相互支撑,英语中用"相互支撑"(support each other)隐喻婚姻中的互惠关系。当然也有单方面支撑的情形,汉语中,支撑的一方是"靠山",英语中,支撑的一方是"可依靠的"(dependable),被支撑的一方可以"指望他"(stick my future on him)。表面上看,单方面的支撑关系似乎不是一种互惠关系,但人们往往也享受被托付、被依赖、施恩他人的感觉,所以宽泛地说,单方面的支撑也是一种互惠。例如:

[例99] 我跟你讲啊，夫妻夫妻，就是相互扶持的，以后家里有什么事，你都得让我跟你一块分担，别老自己装大个，什么都自己闷头扛着，听见没有啊。(《婚姻保卫战》)

[例100] 我觉得可能是互相的一个扶持吧，是并肩的一个东西，不是一方面对这个感情的付出也好，倾注也好，更多的是俩人去应对很多事情。(采访 Chi02)

[例101] I think if you are a good spouse and a mate, if you would stand up for or support your spouse, I think this spouse will reciporate. —Interview Eng06（我认为如果你是一个好的配偶，如果你可以站起来或是扶持你的另一半，你的另一半也会扶持你。）

第三，汉语和英语思维都用"其他人际关系"理解婚姻中的互惠关系，突出夫妻间相互信任，相互迁就，彼此坦诚，等等。

当人们用"血亲关系"隐喻夫妻关系时，汉、英思维有着不一样的意义焦点。汉语思维突出的是：婚姻关系中，夫妻相互牵挂、相互忠诚；英语思维突出的是：婚姻关系中，夫妻相互坦诚。例如：

[例102] 我觉得（血亲关系和夫妻关系）没有什么不同的，都是一种牵挂，对吗？（采访 Chi07）

[例103] 就是彼此在心里都认为，我把你当亲人看，亲人之间是不会有背叛的。(采访 Chi08)

[例104] He sometimes makes me feel like a teenager hiding from my parents. — Dear Abby 2013-06-30（他让我觉得自己像个小孩，什么事都要瞒着父母。）

[例105] Well, honey, please, let's try to remember that I am your wife, not your mom. So in the future, you don't need to hide things from me. Okay? —— Modern Family（哦，亲爱的，你得记住，我是你的妻子，不是你的妈妈。以后，你有什么事没必要瞒着我。好吗？）

当人们用"宾客关系"隐喻婚姻关系时，汉语思维突出的是：婚姻关系中，夫妻相互尊重，见例106。相互尊重是"婚姻关系是宾客关系"的意义焦点。我们在英语语料中没有发现用宾客关系隐喻婚姻互惠关系的例子。

[例106] 咱俩终于实现了儿子说的"相敬如宾"。(《婚姻保卫战》)

当人们用"朋友关系"隐喻婚姻关系时，无论汉语还是英语，我们暂时不能找到一个确定的意义焦点，这或许因为：绝大部分人的婚姻关系就是从朋友关系开始的，因此，朋友关系和婚姻关系享有非常多的共同点。朋友之间互相关心、信任、宽容、谅解、尊重，婚姻关系中也有这些元素。

5.2.4 婚姻是和谐关系

当人们用相似关系和匹配关系理解、描述、谈论婚姻时，"婚姻是相似关系"和"婚姻是匹配关系"这两类概念隐喻蕴含的认知模式是：婚姻是和谐关系。

当人们看到有相似特征的人或事物聚集在一起时，会本能地产生一种和谐感，进而用相似关系隐喻婚姻的和谐关系。因此，"和谐"是"婚姻是相似关系"这一概念隐喻的意义焦点。汉语用"我是男版的他，他是女版的我""君子之交""珠联璧合""步调一致""同路人""一路人""棋逢对手"，英语用"共负一轭"（equally yoked）、"有共同点"（have common ground）、"同类"（equal）描述这种和谐关系。例如：

[例107] 别人家的老公再阳光、再帅、职务再高，和我没关系，不是一路人。（采访 Chi07）

[例108] So the Bible says, a Christian should not be unequally yoked. —— Interview Eng 05（所以圣经上说，信与不信不能同负一轭。）

值得一提的是，当人们用队友关系描述与理解婚姻关系时，突出的是处事与价值观相似，这类概念隐喻蕴含的认知模式亦是：婚姻是一种和谐关系。例如：

[例109] In the military sense, if you join the military, you have an officer controlling the group. That officer makes all the decisions. The officer's job is to make sure that all the ones, all the people, men or women, in the group, listen to him and follow his orders. God is the officer, and she and I are just the members of that group. We were both following the same person, the same orders. That strengthens us as a group. —— Interview Eng12（在军事意义上，如果你加入了军队，军队会有一个长官。那个长官做所有的决定。那个长官的任务就是让队伍里的所有人听从他和他的指令。上帝就是那个长官。我和她就是军队的队友。我们都听从同一个人，同样的指令。我们是一个很好的团队。）

此外，在我们的生活经验里，当某些物品（如棋子和棋盘，刀与叉）组合在一起时，会表现出高度的匹配性。这种匹配亦带给我们和谐的感受。辜鸿铭描述封建"一夫多妻"制，用过"一个茶壶四个茶碗"这一著名的隐喻，突出的就是这种因匹配而产生的和谐感。"和谐"亦是"婚姻是匹配关系"这类概念隐喻的意义焦点。汉语用"合拍""互补""双人

131

舞""夫妻相""门当户对""将遇良才""琴瑟和谐""一套碗筷碟勺"等隐喻夫妻的和谐关系。英语用"互补"（complement each other）、"很好的一对"（a good fit/match up）隐喻夫妻的和谐关系。例如：

[例110] 今日花好月圆，英雄牵手美人。（《婚姻保卫战》）

[例111] It was just a good fit. —— Interview Eng05（他们非常地般配。）

汉语和英语思维都突出这种因匹配而产生的和谐关系的先定性。例如：

[例112] 成功人士，美丽佳人，珠联璧合，天生一对。（《婚姻保卫战》）

[例113] They were made by heaven. —— Interview Eng02（他们是天作之合。）

当夫妻二人走入婚姻时，都带着自己原有的价值观。因此，两个人想达到高度的和谐，并非易事。在如何达到和谐关系这一点上，汉语和英语思维蕴含的智慧不尽相同。

汉语思维强调"磨""磨合"，这种磨合往往借助时间的力量，削平各自的棱角，有被动的意味。例如：

[例114] 我觉得婚姻就是慢慢、慢慢把大家磨得都没脾气了。（采访 Chi03）

[例115] 你如果想要婚姻维持下去，就得靠磨。（采访 Chi03）

[例116] 我会直接跟她说，这个事情是不是就不要这样做了，这个就是通过磨合，就是相互磨合嘛。（采访 Chi04）

[例117] 然后从我出来，我觉得现在我们两个磨合得特别好，不信任那些在我们之间就不存在。（采访 Chi06）

体现这种磨合的，再如一个脚和旧鞋的隐喻。

[例118] 他（林语堂）说，所谓美满婚姻，不过是夫妇彼此迁就和习惯的结果，就像一双旧鞋，穿久了变得合脚。（周国平 《调侃婚姻》）

英语思维更强调个人的能动性，两人达到一种和谐的关系，需要"重组"（regroup），"重新发射"（relaunch）。相对于"磨合"来说，"重组""重新发射"有结构性调整的意味。例如：

[例119] Lucky for us, we were able to kind of regroup. —— Interview Eng06（幸运的是，我们完成了重组。）

[例120] There could be occasions where Mary Catherine and I find a new way to relaunch ourselves as well. —— Interview Eng11（我和玛丽凯瑟琳本有机会重新开始我们的关系。）

5.2.5 婚姻是竞争关系

当人们用对抗关系描述、理解、谈论婚姻时，"婚姻是对抗关系"这一概念隐喻蕴含的认知模式是：婚姻是竞争关系。

对抗来自我们直接或间接的体验：如战乱之时，若两军兵戎相见，目的通常是为消灭对方，获得有利的地盘。婚姻中的"对抗"，目的不是消灭对方，而是使对方同意自己的观点，或按着自己的意愿行事。因此，"竞争"是"婚姻是对抗关系"这一概念隐喻的意义焦点。

汉语和英语思维里都有"婚姻是竞争关系"这一认知模式。夫妻若想继续维持婚姻，就要减少竞争的次数，或尽快结束竞争的局面。对此，汉语和英语思维表现出相同与不同的智慧。相同的是都突出"妥协"（compromise/give in）在缓解和结束对抗关系时的作用。例如：

[例121] 她那边一硬，我又妥协了。（采访 Chi03）

[例122] I think he probably gave in a lot. He compromised more than I probably compromise in the early years. In late years, I probably compromise almost as much as he does. I think now it's more balanced. —— Interview Eng06（我觉得总是他妥协，在我们婚姻的早些年，他妥协的次数比我多。最近这些年，我们俩差不多。现在更平衡了。）

不同的是，汉语思维突出"智谋""权术"甚至是"手腕"在赢得竞争中的作用，如"智取""智斗""欲擒故纵""主动出击""先声夺人""敌进我退敌疲我扰""打埋伏""调虎离山""明修栈道暗度陈仓""迷魂阵""阴谋诡计"，等等。例如：

[例123] 陈梦和李梅啊，这是欲擒故纵，人家夫妻间斗法透着有文化，三十六计都用上了。（《婚姻保卫战》）

[例124] 告诉你们实话吧，这是我给徐小宁布下的迷魂阵。（《婚姻保卫战》）

此外，汉语思维还突出重要他人在缓解对抗时的作用，有"卧底""外援""救兵"等表达。例如：

[例125] 行啊，现在学会搬救兵了，还雇人替你道歉。（《婚姻保卫战》）

[例126] 我想请你做我的卧底。(《婚姻保卫战》)

英语思维更突出智慧、公平在缓解对抗时的作用，有"挑选战争"（pick our battles）、"公平竞争"（fighting fair）等表达。例如：

[例127] We both decided we pick our battles. — Interview Eng01（我们一致决定挑选各自的战争。）

[例128] The skills for fighting fair are very easy to master with just a little practice and patience. —Dr. Bonnie Weil, Challenges to a Lasting Relationship（公平竞争的技巧并不难掌握，但你要有耐心并勤于练习。）

此外，汉语思维里，人们不仅会将夫妻看作"仇人""仇敌""冤家""对头"而且会突出这种"对抗关系"的某种宿命性，如"上辈子的仇人""前世结的梁子""命中的克星"等。我们在英语里没有发现类似的表达。例如：

[例129] 若有转世的话，他们上辈子一定是仇人，用这种方式相互折磨。(《我爱问连岳》 2013-11-14)

[例130] 这就是冤家吧，前世结的梁子，好又好不成，散又散不了。(《非诚勿扰2》)

[例131] 母亲常常抱怨，如果不是遭遇着父亲这颗自己命中的克星，她就绝不会受尽这么多的人生磨难和煎熬。(杨纯柱《父母的婚姻》)

最后，近代中国不仅经历了真枪实弹的保家卫国的战争，1949年后，还经历了历次政治斗争。因此，汉语思维中，婚姻的"竞争关系"有时会染上某种政治色彩。例如：

[例132] 偏离主题，上纲上线，最后就互相攻击。(《婚姻保卫战》)

5.2.6 婚姻是相容共生关系

当人们用"重合关系"理解、描述、谈论婚姻时，"婚姻是重合关系"这一概念隐喻蕴含的认知模式是：婚姻是相容共生关系。

我们把两杯水倒在一起，就变成了一杯水；我们把糖和水混合在一起，就成了糖水。当两样东西通过物理或化学变化，成了一样东西时，我们说两者相容了。相容使两者分不清界限，成为重合的一体。婚姻中的相容共生关系是和谐关系发展到一定阶段的状态。我们之前谈到的各种关系，无论"亲密""互惠""和谐"还是"竞争"关系，夫妻仍是独立的个体，夫妻关系仍是一种"联结关系"，"联结关系"是可能随时终结的，而相容共生关系中，夫妻双方不分彼此，以对方的需要为自己的需要，达到"重合"的一体状态，夫妻二人成为一个命运共同体。因此，"相容共生"是"婚姻是重合关系"这一概念隐喻的意义焦点。

汉语和英语思维中都有这一认知模式。汉语用"共同体""你中有我，我中有你""血肉相连""身体的一部分"隐喻婚姻中的相容共生关系；英语用"一体"（one/one flesh）、"彼此的一部分"（part of each other）隐喻婚姻中的相容共生关系。

美国教堂婚礼仪式中的一个环节是"婚姻是相容共生关系"这一认知模式的反映。

[例133] There are three candles. Two candles on the outside represent the two individuals. The candle in the middle represents the unity of the two people becoming one. Obviously at the end of the ceremony, you blow out the two outside candles. All that remains is the single candle which symbolizes the singleness of marriage. Now you have just one, which God brought together that union between two people. According to God, there is not anything that can separate. The two candles have been distinguished and all that remains is one. — Interview Eng12（有并排的三根蜡烛。外边的两根代表着两个个体。中间的一根代表着两人合二为一。在仪式的最后，新人们吹灭外边的两根蜡烛，只剩下中间的一根，代表着婚姻的"一"。剩下的这一根蜡烛是上帝安排的两人的共同体，没有什么可以把他们分开。外边的两根蜡烛都熄灭了，就剩下中间一根。）

例133的这位受访者在谈到自己的婚礼时，讲到仪式的一个环节：新人前方有三根蜡烛，中间的一根代表两人的共同体，外围的两根代表个体，他们用各自的蜡烛点燃中间的那根蜡烛，然后吹灭自己的那根蜡烛，隐喻夫妻合二为一，成为相容的共同体。用蜡烛隐喻婚姻的相容共生关系为英语独具。

5.2.7 婚姻是支配—从属关系

当人们用前后关系、上下关系、中心—边缘关系、所有关系、领导与下属关系、主仆关系描述、理解、谈论婚姻时，这些隐喻共同蕴含的认知模式是：婚姻是一种支配—从属关系。我们依次来看。

第一，人们用前后关系隐喻婚姻中的支配—从属关系。通常来讲，前方的物体会首先进入我们的视野，后方的物体很可能被前方的物体遮挡。因此，前方的物体对观察者更为显著，后方的物体对观察者不显著。人们用"前""后"隐喻夫妻的地位："前"隐喻夫妻关系中处于支配地位的一方，"后"隐喻夫妻关系中处于从属地位的一方。

第二，人们用上下关系（或高低关系）隐喻婚姻中的支配—从属关系。

通常来讲,在家庭教育中,父母享有一定的权威,孩子年幼时对父母多是仰视的,因此其头脑中很可能形成了垂直空间方位与地位的对应关系,即位置高的人地位也高。人们用上下关系隐喻夫妻的支配—从属关系:夫妻关系中处于支配地位的一方是上;处于从属地位的一方是下。值得指出的是,中国的历史传统强化了空间方位与地位的对应,如封建社会中,臣子见了皇帝要卑躬屈膝(如磕头),中国官僚系统的上下级观念也已深入人心。

夫妻中处于支配地位的一方是"高高在上""高压",处于从属地位的一方是"低三下四"。如今汉语里还有"高攀""下嫁"这样的表达。"小三上位"是汉语中一个特有的表达。这一表达中的动词没有用表示从外向内的"进"或"入",而用了垂直空间的"上"表示进入婚姻关系。这一表达体现了婚姻的第三者和原配比并而看时,处于弱势。另外,"小三"中的"小"也体现了其地位的卑微。

值得一提的是,在我们收集的语料中,有一处用"压跷跷板"来隐喻婚姻关系。压跷跷板的本质是此升彼降,此上彼下。这显示出,在当代汉语思维中,上、下不再有必然的性别指向,婚姻关系是一种动态的博弈。例如:

[例134] 其实两口子,谁在外面受累,谁在家里辛苦,只有找到适合彼此的平衡方式,就能找到幸福,这压跷跷板,也能压出乐子来。(《婚姻保卫战》)

第三,人们用中心与边缘关系隐喻婚姻的支配—从属关系。通常来讲,占据"中心"的事物会首先进入我们的视野,让我们感知到它的重要性。我们的文化也强化了这种关联:一般来讲,一个城市的权力中心通常在它地理上的中心;开会时,重要人物往往就坐主席台的中间。因此,人们用中心与边缘关系隐喻婚姻中的支配—从属关系:夫妻中处于支配地位的一方是中心，处于从属地位的一方是边缘。在这种认知模式下，从属的一方要围着支配的一方"转"，向支配的一方"靠拢"。

第四，当我们拥有一件物品时，大多数情况下可以对这件物品随心所欲地进行处置，当夫妻中的一方被物化成另一方的财产（如物品、动物），并没有独立的人格时，实际上隐喻的就是一种支配和从属的关系。汉语思维中，从属的一方可以是"手中的杯子""实验品""私有财产""小鸟""地毯""家雀""寄生虫""孺子牛""附属品"，等等。

当一方不满足于自己的从属地位时，往往会有所行动。例如：

[例135] 嘿，你可算是脱了缰了。(《婚姻保卫战》)

[例136] 万一哪一天，李梅她地位蹿升，翅膀硬了，在公司当班也当习惯了，就得回家领导你这个老公。(《婚姻保卫战》)

还有一种比较特殊的情况。拥有的一方无法对其拥有物随意处置，因为其拥有物享有崇高的地位，需要"养着""供着"，所以这是一种表面的支配，实际的从属，也是一种新型婚姻关系的体现。例如：

[例137] 我妈就认为我是家里最小的，要找一个长得太好的，不天天挨打，受气的？要条件差的，就把我当宝一样去养着。(采访Chi08)

[例138] 嗨，都怪你老爸把我当宠物，成天喂饱了，让我待在家里养膘。(《婚姻保卫战》)

[例139] 我还想不明白呢，我把养家糊口的重担一个人挑起来了，不让老婆到外面去挣命，把她供在家里养尊处优，有什么闲不住的，非要到外面去工作。(《婚姻保卫战》)

[例140] 这男人对付女人，你得摩挲、摩挲、顺着毛捋。(《婚姻

139

保卫战》)

第五，人们用领导—下属关系和主仆关系隐喻婚姻的支配—从属关系。相较而言，用领导—下属关系隐喻的婚姻关系中，一方拥有更多的管理权、话语权，另一方地位较为被动，有时需言听计从，但总的来说，双方的人格较为平等。而在主仆关系隐喻的婚姻关系中，双方的人格地位不平等，一方受到另一方的奴役与压迫，个人意志得不到实现。

用领导—下属关系隐喻的婚姻关系中，处于支配地位的一方是"领导""首长""家长""大当家的""军师""法官""警察""交警"，会"做主""引导""执法""查岗查哨""看守"；处于从属地位的一方是"学生""员工""犯人""士兵"，会"接受惩罚""被囚""言听计从"，被"审讯""刑满释放"，等等。

当处于从属地位的一方不满足于自己的处境时，会"罢工""消极怠工""维权""交白卷""重新谈待遇""抢班夺权"，等等。例如：

[例141] 哎，哪天要我给你交了白卷，你还不得一脚把我踢出去啊。(《婚姻保卫战》)

[例142] 一言以蔽之，我罢工了，不伺候了。(《婚姻保卫战》)

[例143] 要我站起来也容易，重新聊聊待遇。(《非诚勿扰2》)

用主仆关系隐喻的支配—从属关系中，处于支配的一方是"主人""皇帝""大小姐""大爷""大人""祖宗""施暴者""压迫者""慈禧太后"，可以"被伺候""施淫威""施酷刑""施专制体制""压迫"；处于从属的一方是"奴隶""受虐狂""保姆""臣子""小的""奴才""仆人"，要"挨打受气""伺候""忍辱负重""任凭支使""任人摆布""受苦""被践踏""百依百顺""自取其辱""被剥夺自由""被镇压""生是他们家人死是他们家鬼",等等。

当处于从属地位的一方不满足自己的处境时,会"彻底革命""冒死直谏""反抗""翻身当家做主人",等等。例如:

[例144] 我,今天我就冒死直谏。(《婚姻保卫战》)

[例145] 为李梅争取自我权利的革命,取得阶段性胜利,致敬。(《婚姻保卫战》)

汉语和英语思维都有"婚姻是支配—从属关系"这一认知模式。这一模式在汉语思维中体现得非常明显。"支配—从属关系"的形成一方面与中国社会长期重等级、地位的价值观念和男尊女卑的传统有关。另一方面也与中国传统婚姻男主外、女主内的文化分工有关:丈夫是一家之主,是全家的顶梁柱,承担着家庭生活的主要经济责任,处于支配地位;而妻子的任务是管理家务,侍奉公婆,相夫教子,处于从属地位。当下中国社会经历着深刻的转型,体现在夫妻关系上,是一种女性处于支配地位,男性处于从属地位的"大女人小男人"模式渐渐浮出水面,这种新模式也许是女性受压抑太久过后强烈反弹的结果。"支配—从属关系"没有了固定的性别指向,从某种意义上是一种进步,但这种深入人心的"支配—从属"认知模式和"人人平等"的理想还相距甚远。

汉语中,我们发现:新型的"支配—从属关系"被看作"阴阳颠倒""乾坤颠倒""乾坤大换位"等。例如:

[例146] 女耕男织,阴阳颠倒,古有花木兰替父从军,今有老爷们跟家里做牺牲,都是悲剧。(《婚姻保卫战》)

141

[例147] 最重要的是可以调整一下气场，不久之后，我们家目前被颠倒的乾坤，就能扭转过来了。(《婚姻保卫战》)

而在部分人的认知中，理想的婚姻并非用平等取代不平等，而是回到旧有的"支配—从属关系"。例如：

[例148] 你的大小姐脾气慢慢给你磨成二小姐脾气，最终给你磨成丫鬟脾气。(采访 Chi03)

有趣的是，汉语思维里，"婚姻是支配—从属关系"的认知模式常常隐藏在夫妻平等的幌子下。例如：

[例149] 以后你当你的老板，我当你的老板娘，咱们怎么就不能夫唱妇随一下呢？(《婚姻保卫战》)

例149中，做家庭主妇的女主人公在丈夫因病住院时接管了他的4S店，可丈夫病愈后想赶她回家。女主人公的话体现了一种抱怨的情绪。前半句中，老板和老板娘似乎只是平等关系中不同的分工，但从后半句的"夫唱妇随"来看，女主人公甘愿从属的心态暴露无遗了。事实上，"老板"和"老板娘"的说法本就体现了性别的不平等。再如：

[例150] 知道部队里的马吧，一种是只能驮粮食装备还有伤病员的，一种是用来上阵杀敌的，说到底啊，得看是什么种。(婚姻保卫战)

例150是男主人公不同意妻子拓展事业时说的话。表面上，他讲了两种不同的马和它们的用途，但实际上，他用男女"出身"的差别为"男性支配、女性从属"的关系辩护。

英语中，人们也用前后关系、上下关系、领导与下属关系描述、理解、谈论婚姻，但未见用中心—边缘关系、所有关系、主仆关系隐喻婚姻的例子。可见，英语思维中虽然也有"婚姻关系是支配—从属关系"这一认知模式，但体现得不明显。

英语中，当人们提到自己的另一半时，大多直接称呼对方的名字或用"我的另一半"（my partner），即便是对婚姻中的第三者，也多称呼"第三方"（the third party）、"另一个女人"（the other woman）等，我们未见用"大""小"称呼婚姻主体的例子。

另外，英文思维中也会将夫妻中处于支配地位的一方看成是"警察"（policeman）、"老板"（boss）等，但这种"支配—从属"的认知模式没有人身依附与尊卑的色彩，有时带有玩笑与戏谑的意味，如笔者和一位受访者约下次采访的时间时，那位受访者说：

[例151] I have to talk to my boss. —— Interview Eng 10（我得和我的老板谈谈。）

5.3 本章小结

当人们视婚姻为一个整体时，汉语和英语思维蕴含的认知模式是：婚姻具有先决条件、婚姻是困难的、婚姻有约束性和排外性、婚姻有世俗性、婚姻有风险性、婚姻有虚假性、婚姻需努力维系。这七种认知模式为汉语思维和英语思维共享。其中，"婚姻有世俗性"这一认知模式在英语思维中体现得不明显。

当人们视婚姻为一种关系时，汉语和英语思维蕴含的认知模式是：婚姻是联结关系、婚姻是亲密关系、婚姻是互惠关系、婚姻是和谐关系、婚姻是竞争关系、婚姻是相容共生关系、婚姻是支配—从属关系。其中,"婚姻是支配—从属关系"这一认知模式在汉语思维中体现非常明显,在英语思维中体现得不明显。

第6章 讨论

　　第4章和第5章是本研究的发现。第4章基于汉语和英语语料归纳了婚姻概念隐喻，第5章基于婚姻概念隐喻提炼了婚姻的认知模式。这项研究的思路和发现能否帮助人们更好地解释隐喻的工作机制从而进一步完善概念隐喻理论呢？此外，本项研究得出的婚姻认知模式是否能帮我们更好地理解婚姻这个范畴呢？在这一章，我们将从概念隐喻的心理真实性、隐喻的发生层次、新奇隐喻的产生和婚姻范畴的辐射性几个方面做一讨论。此外，我们还将以汉语为例，探讨古今婚姻认知模式的差异。

6.1 概念隐喻的心理真实性

　　隐喻研究轰轰烈烈地开展了30余年。这30余年，以莱考夫和Johnson（1980：3）大胆的猜测"我们用以思维与行为的日常概念系统本质上是隐喻性的"为始，一代学人重新思考隐喻在人类语言、思维与行为中的作用，并通过各项具体研究进行小心求证，但迄今为止，隐喻研究的最大困境就是证明其心理真实性。以本研究为例，本研究通过语言证据归纳出的婚姻概念隐喻是否在人脑中真实存在呢？我们须知，语言只是人类众多交际符号的一种，其他交际媒介如图像、声音、手势等也是我们隐性思维的外在呈现，如果我们归纳出的婚姻概念隐喻是合理的，那么这些概念隐喻作为一种思维方式，一定还无意识、不自觉地发生在语言之外人类思维活动的其他方面。因此，既然我们暂时无法获得认知神经科学的证据来证明婚姻概念隐喻的心理真实性，如能在语言证据之外，找到一些非语言的证据，或许能验证我们认知猜想的合理性。

由于涉及非规约符号的交际意义，非语言隐喻的语言化过程会有一定的歧义性、模糊性和主观性，如 Forceville（2009：30）指出："分析者有责任找出适当的、可接受的词汇揭示隐喻内涵的意象图式，这个语言化过程不是中性的。"笔者认为，虽然非语言隐喻研究也面临着不少挑战，但若能与语言隐喻研究结合起来，以期结果能够互为补充，仍不失为探索思维隐喻的好方法。以下我们将以电影《消防员》为例，看看婚姻概念隐喻是如何以图像隐喻和声音隐喻呈现的。

《消防员》中关于婚姻的图像隐喻有五类。第一类与空间有关：婚姻中的权力关系是空间方位的上下关系和前后关系；婚姻中的亲疏关系是空间上的远近关系。

婚姻中的权力关系通过空间方位的上下关系来建构："上"隐喻处于支配地位，"下"隐喻处于从属地位。影片开头，在卡雷和凯特的一次争吵中，当卡雷将凯特逼到墙角时，可以明显看到凯特身体蜷缩，处于"下"，卡雷鼓起胸膛，双臂上扬，处于"上"。需要说明的是，在影片最后一幕，我们可以看到，男、女主人公在自然状态下的身高几乎是一样的，而之前场景中对于正常体征的违反，便是为了诱发一种隐喻性解读。这种空间的"上""下"折射的是两人在25年婚姻中的权力关系。影片最后，在凯特的床边，卡雷跪下向妻子真诚地道歉，这一"跪"，使妻子居"上"，隐喻两人过往支配—从属关系的终结。

婚姻中的权力关系还通过空间方位中的前后关系来建构：前隐喻处于支配地位，后隐喻处于从属地位，如卡雷和凯特的邻居夫妇每次出现时，都是丈夫在前景的位置，妻子几成背景，由此我们可以推断两人在家庭生

活中的权力关系。(这一推断可由两人言语的多少、讲话的先后证实)

婚姻中夫妻关系的亲密度由空间方位中的远近来建构。距离远隐喻关系差,距离近隐喻关系好。影片开头,男女主人公两次吵架走到离婚的边缘时,两人选择了各居一室,女主人公还想到了"搬出去住";而影片最后,当凯特意识到卡雷的转变和对她的爱,去消防队找他,两人一步步走近对方,最后相拥而泣,是两人重归于好,关系回归正常的最好隐喻。

此外,影片中不断出现在镜头中(00:04′46″;00:05′32″;00:35′08″;01:13′23″;01:21′23″;01:32′28″)的房子构成了影片中最主要的一个图像隐喻"婚姻是建筑结构"。电影中,"房子中的垃圾"隐喻"婚姻中的问题和困难","房子是不防火的"隐喻"婚姻不是永远安全的","人可能在着火的房子中烧着"隐喻"人可能在婚姻中焦头烂额","消防员有义务奋不顾身地救火"隐喻"夫妻应该竭力挽救焦头烂额的婚姻",而这些都是通过无声的图像表达出来的。例如:

(00:11′25″—00:12′02″)男主人公在和妻子吵架后,将房子后院的垃圾踢出垃圾桶,后又将其装回。这一串动作蕴含的隐喻是:垃圾是房子的一部分,正如问题和困难是婚姻中的一部分。把垃圾踢走等于将婚姻中的困难踢走,但踢走的垃圾仍属于这个房子,正如夫妻主观上想摆脱婚姻中的问题,但其实摆脱不掉。

(00:43′54″—00:44′05″)男主人和妻子又一次吵架后,把装垃圾的垃圾桶敲碎。同样地,把垃圾桶敲碎,垃圾桶仍然存在。这一连串动作隐喻主人公虽气急败坏,但婚姻中的问题没有得到解决。

(01:08′06″—01:11′54″)男主人公在一次火灾现场,为救出房子中的小女孩,被烧成轻伤。这个画面隐喻的是:救火是消防员的责任,挽救快要破产的婚姻也是婚姻中主体的责任。火情有可能使消防员受伤,挽救婚姻也要付出一定的代价,而最终,男主人公卡雷抱着小女孩终于从房子的逃生通道里逃出，也隐喻他本人的婚姻将要得救。

　　影片中还存在"婚姻是运动""婚姻是有机体""婚姻是毗邻关系"三个图像隐喻。"婚姻是运动"主要由影片中男主人公卡雷三次在道路上奔跑的情景呈现。第一次奔跑，男主人公到了一个信箱旁停下，停下隐喻着抉择，抉择继续朝哪一条路途前进；第二次奔跑，男主人公一直不停歇地跑，隐喻他得到信仰的力量，准备为婚姻义无反顾地努力下去；第三次奔跑，主人公绕过弯路后继续奔跑，隐喻他和过去告别，踏上了幸福婚姻的光明大道。"婚姻是有机体"这一隐喻出现在影片01：29′11″处，此时，凯特拒绝了一个医院长者的善意提醒，玫瑰花凋谢的镜头隐喻凯特决心已下，似乎再没有什么可以挽回她离婚的主意。"婚姻是毗邻关系"出现在影片最后一幕（01：51′39″），在卡雷与凯特的婚礼上，装胡椒粉的调料瓶头顶黑色礼帽，装盐的调料瓶头顶白纱，隐喻两人终成佳偶。

　　电影不仅是视觉艺术，也是听觉艺术。影片中人物的非语言声音（如哽咽声、喘气声），背景声音（如闹钟声、火警声）以及背景音乐也处处蕴含着隐喻。例如影片开头，在男女主人公的第二次争吵中，卡雷在争吵的最后，声音近乎咆哮，而凯特委屈的近乎哽咽，声音的大小折射的是两者在婚姻中的权力关系。相比于语言隐喻，直观的视觉感知图像和听觉感知声音更能感染观众，激发其共鸣。但另一方面，语言隐喻也有其他模态的隐喻无法替代的作用：语言隐喻使一些模糊的隐喻清晰化，帮助印证或否定一些主观的隐喻解读。以影片中"婚姻是毗邻关系"为例，不了解西方文化的人看到影片多次出现的胡椒粉瓶和盐瓶一定会一头雾水，而影片正是以语言的方式做了说明，见第4章例111。

　　总之，隐喻的心理真实性是隐喻研究不可忽略的方面，我们在这一节对一些非语言隐喻加以讨论，恰是为了和语言隐喻进行比照和互证，从而证明我们主要根据语言材料归纳出的婚姻概念隐喻的合理性。

6.2 隐喻的发生层次

范畴可以从平行关系和垂直关系两个层面来考查。在垂直关系上，基本层次范畴（Basic Level Category）一直是研究者们关注的重点。很多认知语言学者（Brown 1958；Rosch 1975；Kay 1971）都指出了基本层次范畴的重要作用。莱考夫（1987：267）认为，基本层次范畴是完型感知、身体运动能力和形成丰富心理意象能力的集合体。

从过往的隐喻研究来看，很多学者归纳的婚姻概念隐喻（如"婚姻是旅程""婚姻是赌博"）的来源域都属于基本层次范畴，但概念隐喻果真在基本层次范畴上发生吗？

莱考夫和Johnson在《我们赖以生存的隐喻》一书中没有探讨婚姻概念隐喻，但其探讨的"爱是旅行"（Love is a Journey）概念隐喻与我们前文探讨的"婚姻是运动"概念隐喻有很强的可比照性。为了更好地探讨人们是在"旅行"这一基本层次范畴还是"运动"这一上位范畴（Superordinate Category）理解婚姻（或爱）的，我们不妨先来看看莱考夫和Johnson是怎样论证"爱是旅行"这一概念隐喻的。

作者采用的基本是归纳法，从诸多关于爱的隐喻表达中归纳出"爱是旅行"这一概念隐喻。例如：

Look how far we've come.（看看我们一路行来这么远了。）

We're at a crossroad.（我们正处于十字路口。）

We'll just have to go our separate ways.（我们得各走各的路。）

We can't turn back now.（我们不能走回头路。）

I don't think this relationship is going anywhere.（我不认为这个关系有出路。）

Where are we?（我们在哪里？）

We're stuck.（我们动弹不得。）

It's been a long, bumpy road.（这是条崎岖不平的长路。）

This relationship is a dead-end street.（这关系是条死胡同。）

We're just spinning our wheels.（我们的关系没有进展。）

Our marriage is on the rocks.（我们的婚姻触礁了。）

We've gotten off the track.（我们出轨了。）

This relationship is foundering.（这段关系在沉没。）

从这些例证中，两位学者认为有这样一组映射关系：

表 6.1　"爱是旅行"的隐喻映射

来源域（旅行）	目标域（爱）	隐喻映射
旅行者	恋爱中的人	恋爱中的人是旅行者
交通工具	恋爱关系	恋爱关系是交通工具

笔者认为，从以上例证中不足以归纳出"旅行"这一来源域，归纳为"运动"来源域似乎更为合适，原因有二。第一，旅行通常指为了办事或游览从一个地点运动到另一个地点，而以上例证并没有体现出办事或游览的情境；第二，从一个地点运动到另一个地点还可以是赛跑，这时隐喻恋爱中人的不是旅行者，而是比赛选手了。例如：

[例1] 爱情是一场不能回头的马拉松，我们都只是这场浩浩荡荡大军中的一个微不足道的选手，听着指令向终点无所畏惧地前进。

因此，我们头脑中的婚姻概念隐喻，很可能并非有一个明确的"旅行"或是"马拉松"意象，而是突显"有明确方向和路径"这一共性。笔者认为，虽然基本层次范畴具有很强的隐喻生命力，但概念隐喻来源域很可能主要集中在上位范畴。上位范畴难以依赖完型结构把握，但上位范畴更能突出所属成员的共有属性，而这一共有属性，极有可能成为人们共享认知的来源。

综上，概念隐喻的来源域，在人们的思维中，很可能是在上位范畴而不是基本层次范畴形成的。

6.3 新奇隐喻的产生

莱考夫 &Turner（1989）阐释了常规隐喻诗性运作的几种方式，包括创意延伸、创意拓展、创意质疑、创意拼合。这四种方式在我们的语料中都有体现，但笔者认为，在解释隐喻的诗性运作时，若能加入基本范畴理论的视角，或许能对新奇隐喻的产生机制做出更系统的解释。

我们以"婚姻是建筑结构"这一概念隐喻为例，说明新奇隐喻产生的主要机制。

第一，选取非典型的建筑结构。房屋是最为典型的建筑结构，因此绝大部分隐喻表达都用房屋隐喻婚姻，选取房屋以外的其他建筑结构，会给婚姻隐喻增加新奇之感，例如：

[例2] 在生活的艰辛与磨砺中，把一切的风霜雪雨当作一种修饰与点缀，可以疲惫了心情，但永远不要忘记为婚姻之塔添砖加瓦。任何一丝的倦怠和忽略都可以使婚姻之塔彻底倒塌。（方益松《婚姻就像沙做的塔》）

在上述例子中，作者没有选取房屋这一典型的建筑建构，而选取了不太常见的"塔"，从"彻底倒塌"我们可以看出，"塔"这一来源域的意义焦点依然是稳定性。

第二，开发来源域中未经使用的部分。这一点和莱考夫&Turner（1989）提出的创意延伸具有相似之处。婚姻的稳定性是"婚姻是建筑结构"的意义焦点，而开发典型建筑结构中未使用的部分，则引入了说话者对婚姻独特的认知，使听话者丰富对婚姻的理解。例如：

[例3] 当初油饰一新的外表开始衰败，地基被蝼蚁蛀了密集的窝孔，承重梁根本就没有打进钢筋，甚至古怪到没有玻璃没有门所用砖瓦都是伪劣产品。这些可叹可怜的小屋，在风雨中摇摇欲坠，不时传来断裂和毁坏的噪声。再过几年看看，有的已夷为平地，主体结构渺无踪影，遗下一片废墟；有的被谎言的爬山虎密密匝匝的封锁，你再也窥不到内部的真实；有的门户大开，监守自盗歹人出没，爱情的珍藏已荡然无存；有的徒有虚名地支撑着，坑灰灶冷了无生机。（毕淑敏《婚姻建筑》）

在这段描写中，作者引入了婚姻小屋的"外表""玻璃""门""爬山虎""炕""灶"等，作者用小屋的这些意象，表明了她对婚姻的一些独特看法，表达了作者对婚姻较为独特的一些认知，这些独特的认知虽不属于我们探讨的认知模式的范畴，但可以推定：读者对作者新奇认知的理解，是在已有的认知模式下完成的。若读者头脑中没有"婚姻是建筑结构"这一概念隐喻，对上述新奇认知便也无从理解了。

第三，开发"建筑结构"中典型与非典型基本范畴的下位范畴。这和莱考夫&Turner（1989）提出的"创意拓展"类似。"房屋"和"塔"是建筑结构范畴中的典型成员与非典型成员。房屋和塔这两类范畴中依然有典型成员和非典型成员。当我们用非典型成员"玻璃房子""沙堡房子""沙子聚成的塔"隐喻婚姻时，无疑赋予了婚姻更深刻的内涵。这时，房屋、塔的意义被淡化，突出的是基本层次范畴下位范畴（如玻璃、沙）的特有属性。例如：

[例4] 以爱情为原料的婚姻是一幢漂亮的别墅；以金钱为原料的婚姻是一间用钞票砌成的纸房子，经不起风吹雨打。①

[例5] 如果说二次婚姻是玻璃房子，那头次婚姻就该是海滩边孩童们堆砌的沙堡房子！玻璃易碎易破，那沙堡房子也是一样，会被海浪冲刷得体无完肤！在我看来，婚姻必须两个人共同维系，不能说只一个人单方面付出。玻璃易碎易破，但是它很漂亮很美，用它做出来的工艺品相当勾人眼魂！但是只要好好保管它，相信还是会长久保持好它的魅力！永远的魅力！（佚名 《玻璃房子式的二次婚姻》）

[例6] 永远不要把婚姻看作一张只写了两个人名字的纸，婚姻是无数沙子聚成的塔，需要经年的堆砌与累积。经过岁月的洗礼与沉淀，婚后的爱情有机地融入了柴米油盐酱醋茶，并且失去了恋爱最初的光芒和繁华，就像是无数粒毫无光泽与生机的沙子，经过长年的风化，只剩下洗尽铅华的真实与普通，但即使是这平实的婚姻，也来不得半点的松弛和懈怠，就像堆砌成塔的沙子，既然有缘聚合，就难免会有不停地冲突与摩擦。（方益松 《婚姻就像沙做的塔》）

例4中，作者将建筑在金钱之上的婚姻隐喻成经不起风吹雨打的纸房子，突出的是婚姻先决条件的重要性。例5中，作者将头次婚姻隐喻成海边的沙堡房子，将二次婚姻隐喻成玻璃房子。一方面，玻璃具有易碎性，

---

① 这一例句来自：婚姻最恰当的十种比喻[EB/OL]. 中国网，http://www.china.com.cn/culture/txt/2009-05/15/content_17782515.htm,（2009-05-15）.

这与婚姻认知模式中"婚姻是困难的"相吻合；另一方面，作者用玻璃制成品的美丽隐喻好的婚姻同样可以焕发光彩。可以说，作者借助一个喻体突出了婚姻的两面性，意味隽永。例6中，作者用"沙聚的塔"隐喻婚姻，把"沙"的特征投射到婚姻上。首先，作者用聚沙成塔隐喻婚姻需要持续不断地经久努力；其次，作者用沙洗尽铅华的真实与普通隐喻婚姻的现实与世俗；再次，作者用沙粒之间的聚合与摩擦隐喻婚姻关系的缘定与对抗性。这些和我们上一章归纳的婚姻认知模式也是吻合的。这两个例子都说明了，当我们使用基本层次范畴的下位范畴（玻璃房子、沙聚的塔）来隐喻婚姻时，房子和塔的语义特征虽然被淡化了，但"婚姻是建筑结构"这一概念隐喻是我们能够理解复杂隐喻表达的关键。

第四，对"婚姻是建筑建构"这一概念隐喻进行质疑。这和莱考夫&Turner（1989）提出的"创意质疑"类似。稳定性是我们将"建筑结构"来源域投射到婚姻这一目标域的意义焦点，而建筑结构的其他特点很可能不为婚姻所具有，比如建筑结构出现裂痕较易修复，而婚姻出现裂痕则较难修复，找到一个比较点，我们就可以说"婚姻不是建筑结构"。

在我们的语料中，虽然没有对"婚姻是建筑结构"提出质疑的新奇隐喻，但存在不少运用相似机制产生的新奇隐喻。例如：

[例7] Love and marriage is not about bagarin and sell. —— Interview Eng11（爱和婚姻不是讨价还价的买卖。）

6.4 婚姻范畴是一个放射性范畴

在第5章，我们基于隐喻分析，得出了十余种婚姻的认知模式，笔者认为，婚姻这一范畴是建立在由数个认知模式共同构成的认知模式集上的，成放射结构，以婚姻关系为例，汉文化中典型的婚姻是同时具备七种认知模式（婚姻是联结关系、婚姻是亲密关系、婚姻是互惠关系、婚姻是和谐关系、婚姻是竞争关系、婚姻是相容共生关系、婚姻是支配—从属关系）的婚姻，而缺少某一种或是某几种认知模式的婚姻通常被看作不典型的婚姻。

两性关系在现代社会呈现了多元化的特点，偏离婚姻认知模式的情况越来越多，不典型的婚姻可看作婚姻的一些变体。莱考夫认为这些变体"并不是按照一般规则从中心模式生成出来的，而是根据惯例延伸出来，而且必须一个一个来加以掌握。但这些延伸并不是任意的。中心模式决定了延伸的可能性，并决定了中心模式和延伸模式可能的关系"[①]（莱考夫1987：91）。

6.5 古今婚姻认知模式的差异

笔者从《新华成语词典》中搜集了数十个古代形容婚姻关系的成语，这些成语绝大部分都是隐喻表达。当我们把这些隐喻表达中蕴含的婚姻认知模式和本文提炼的婚姻认知模式加以比较时，可以窥见古今婚姻认知模式的一些差异。

古人对婚姻的认知里，更看重婚姻的长久性。"百岁""白头"喻指时间的久长，相关的成语有"白头到老""百岁之好""白头相守""百年偕老""百年好合"，等等。相较而言，当代汉语使用这些表达时，多是对婚姻的美好希冀（如在婚礼场合），而在描述婚姻的日常话语中，多借助"运动"来源域（如"我们这帮哥们婚姻没一个到头的"）或者"有机体"来

[①] 英文原文为：These variants are not generated from the central model by general rules; instead, they are extended by convention and must be learned one by one. But the extensions are by no means random. The central model determines the possibilities for extensions, together with the possible relations between the central model and the extension models.

源域（如"但是没有夭折，也挺不容易的"）突出婚姻久长的不易，即突显婚姻的困难性。

古人对婚姻的认知里，更看重婚姻的联结关系。古时夫妻被看作"连理枝""并蒂莲"等，"连理枝"是两棵树的枝干合生在一起，"并蒂莲"是并排地长在同一茎上的两朵莲花，因此"并蒂芙蓉""喜结连理"描述的是夫妻之间不可分的联结关系。此外，在古代，由于通讯手段甚不发达，征夫与闺妇一朝分别，往往相隔若干年才得再见。因此，古人在分离后的心理感受比现代人更为深刻、强烈，如"鸾凤分飞""鸾只凤单""别鹤孤鸾""鸾漂凤泊""别鹤离鸾""鲽离鹣背""凤愁鸾怨""凤只鸾孤""离鸾别凤"等都突出夫妻因分离而造成的感伤心理。

古人有许多语言表达体现了和我们现代人同样的婚姻认知模式，但有些表达在现代汉语（尤其是口语）里已经非常罕见了，这是一个值得注意的现象，如体现互惠关系的"松萝共倚"；体现同享荣华、同安贫贱、荣辱与共这种相容共生关系的"我黼子佩""我负子戴""共挽鹿车""牛衣对泣"。笔者认为，这些表达的消亡趋势体现了社会、经济、文化的变迁和这些变迁下人们认知的转变，这或许值得做专门的研究来探讨。

6.6 本章小结

本章是对本项研究结果的反思和讨论。首先，我们试图找出语料中的一些非语言证据来说明本研究所得婚姻概念隐喻的心理真实性；其次，我们希望依据研究结果对隐喻的发生机制和新奇隐喻的产生机制做出更为合理的猜想；再次，我们对所得的婚姻认知模式做了语言学解读；最后，我们以汉语为例，探讨了古今婚姻认知模式的差异。

第7章 结论

本文基于汉语和英语语料、通过概念隐喻分析重构了婚姻的认知模式。具体说来，通过对汉、英语料的分析，我们发现：人们有时将婚姻当作一个整体来描述、理解和讨论，有时将婚姻当作一种关系来描述、理解和讨论。因此，在对婚姻隐喻表达的分析中，我们把婚姻话语分成上述两个类别，从隐喻表达中将婚姻概念隐喻归类，并从婚姻概念隐喻中提炼婚姻的认知模式。我们还分析了汉、英思维中婚姻认知模式的异同点。本章从研究发现、研究创新性与局限性、研究展望这几个方面总结全文。

7.1 研究发现

本文的第4章和第5章依次研究了婚姻概念隐喻、婚姻认知模式和汉语、英语思维中婚姻认知模式的异同点。研究的主要发现如下：

第一，当人们视婚姻为一个整体时，建构婚姻概念的"私有财产"来源域仅见于英语语料，未见于汉语语料；"烹饪用具或材料"来源域仅见于汉语语料，未见于英语语料，其余来源域为汉语和英语共有，即，可分解的物质、有机体、运动、建筑结构、机械、容器、视觉、听觉、味觉、）触觉、契约、表演、冒险。

第二,当人们视婚姻为一种关系时,建构婚姻概念的"拥有关系""宾客关系""主仆关系"三类来源域仅见于汉语语料,未见于英语语料;"队友关系"来源域仅见于英语语料,未见于汉语语料,其余的来源域:毗邻关系、连接关系、中心—边缘关系、支撑关系、重合关系、前后关系、上下关系、相似关系、匹配关系、交换关系、对抗关系、血亲关系、朋友关系、领导与下属关系为汉语和英语共享。

第三,当人们视婚姻为一个整体时,蕴含在概念隐喻之中的认知模式是:婚姻具有先决条件、婚姻是困难的、婚姻有约束性和排外性、婚姻有世俗性、婚姻有风险性、婚姻有虚假性、婚姻需努力维系。这七种认知模式为汉语和英语思维共享。其中,婚姻有世俗性"这一认知模式在英语思维中体现得不明显。

第四,当人们视婚姻为一种关系时,蕴含在概念隐喻之中的认知模式是:婚姻是联结关系、婚姻是亲密关系、婚姻是互惠关系、婚姻是和谐关系、婚姻是竞争关系、婚姻是相容共生关系、婚姻是支配—从属关系。这七种认知模式为汉语和英语思维共享。其中,"婚姻是支配—从属关系"这一认知模式在英语中体现得不明显。

汉语和英语思维共享的认知模式体现出一些细微的差异。当人们视婚姻为一个整体时,首先,汉语思维更看重婚姻的世俗性。笔者猜测,这和汉语、英语背后的文化信仰有一定关系。汉文化中,婚姻几千年来都是"父母之命、媒妁之言",婚姻主体在择偶中并不拥有自我意志,因此,"搭伙过日子"的实用型婚姻一直占据主流。相较而言,西方的婚姻观有一个宗教的背景,那就是"人要离开父母,与妻子连合,二人成为一体",因此,这种结合带有神圣的意味;其次,英语思维更看重婚姻的风险性。英语将婚姻看作冒险,并对其中的刺激和风险持乐观态度,相较而言,汉语思维更看重婚姻的持久和稳定,希望最大程度规避婚姻的风险,这和"外张性"和"保守性"的文化传统和文化特点有关。

当人们视婚姻为一种关系时，首先，支配和从属关系这一认知模式在汉语思维中占据重要位置，这和汉文化数千年的等级观念、男尊女卑的思想及"男主外女主内"的家庭分工密切相关；其次，汉语和英语思维中对婚姻如何达到"和谐关系"的认知不尽相同，汉语思维突出时间的力量，英语思维强调个人的主观能动性；再次，汉语思维突出智谋在化解对抗时的作用，英语思维更突出智慧、公平在化解对抗时的作用。

7.2 研究创新性与局限性

本书研究了一个具体的概念范畴——婚姻。虽然这个范畴只是人类数以亿计的概念范畴中很小的一个点，但对婚姻认知模式的研究可为其他一些抽象概念的认知研究提供有益的启示。本文的创新性主要有以下三点。

第一，本书为文化关键词认知模式的研究提供了一种方法。概念隐喻是认知模式重要的建构原则，但概念隐喻不等同于认知模式。理论上讲，建构一个概念范畴的隐喻表达可以是无限的，但无限的隐喻表达当中蕴含着有限的认知模式。因此，对形形色色的隐喻表达进行梳理，分类、归纳出概念隐喻及蕴含在概念隐喻当中的认知模式，是探索文化关键词认知思维的有效方法。

第二，本研究以整合的思想看待各种隐喻理论，汲取各个理论的长处，在隐喻描写和隐喻分析时，将各种隐喻理论有机地统一起来。在回答研究问题二时，一方面利用 Grady 的基本隐喻理论，力求找到和感知体验直接相关那部分概念隐喻的体验动因，从而对隐喻的映射机制做出合理的解释；另一方面运用 Kövecses 的认知文化视角，对具有社会文化属性那部分概念隐喻的形成及隐喻跨文化的差异性做出合理的解释，我们认为这种研究思路从一定程度上弥补了目前隐喻研究重描写、轻分析的不足。

第三，本书的研究结果将有助于对隐喻的工作机制提出更合理的猜想，从而进一步完善概念隐喻理论。本文在讨论部分结合研究发现，对隐喻发生层次与新奇隐喻产生的机制提出了一些合理猜想，这种猜想寄望今后认知神经科学的实证研究加以证实。

当然，本研究也存在局限性。首先，本研究虽然达到了预期的研究目的，归纳、提炼了婚姻的认知模式，也指出了汉语和英语思维婚姻认知模式的一些差异，但本研究没有没有揭示两种视角下认知模式内在的关系，也没有把视婚姻为整体和视婚姻为关系两种视角所得的认知模式统一起来，从而勾勒出一个更全面、有机、系统的婚姻认知模式。其次，概念隐喻是认知模式的一种重要建构原则，但不是唯一的建构原则，笔者虽然回顾了理念化认知模式这一理论中认知模式的四种建构原则，但本项研究并未探究基于其他三种原则对认知模式的构建，准确地说，是尚未找到基于其他三种原则构建婚姻认知模式的有效方法。

7.3 研究展望

针对上述研究的局限，我们在日后的研究中拟从以下三个方面着力改进。第一，借助更丰富的语料，找到婚姻各种认知模式之间的联系，力争能用更系统且精炼的婚姻认知模式来表征人们对于婚姻共享的认知；第二，探索基于命题模式、意象图式模式和转喻模式建构认知模式的方法，以期对婚姻的认知模式有更全面的认识。第三，本文勾勒的婚姻概念隐喻和婚姻认知模式主要还是基于内省，概念隐喻来源域的分类是否合理，从婚姻概念隐喻中提炼的认知模式是否精当，都有待于后续同类研究在批评、质疑的基础上不断改进、完善。

总之，本项研究在揭秘人类头脑关于婚姻认知的努力中迈出了一小步，希望日后能有更翔实、更完善的相关论著出现，让人类头脑中的认知冰山逐渐浮出水面。

参考文献

[1] AKSAN Y, KANTAR D. No wellness feels better than this sickness: love metaphors from a cross-cultural perspective [J]. Metaphor and symbol, 2008, 23(4): 262-291.

[2] BARLETT F. Remembering [M]. Cambridge: Cambridge University Press, 1932.

[3] BOERS F, DEMECHELEER M. A few metaphorical models in western economic discourse [M]// LIEBERT W-A, REDEKER G, WAUGH L R. Discourse and perspectives in cognitive linguistics. Amsterdam: John Benjamins, 1997: 115-129.

[4] BOERS F. When a bodily source domain becomes prominent [M]// GIBBS R, STEEN, G. Metaphor in cognitive linguistics, 1999: 47-56.

[5] BROWN R. How shall a thing be called? [J]. Psychological Review, 1958, 65: 14-21.

[6] CASSON R. Language, culture, and cognition [M]. New York: Macmillan, 1981.

[7] CHOMSKY N. Syntactic structures [M]. The Hague: Mouton, 1957.

[8] COLEMAN L, KAY P. Prototype semantics: the English verb "lie" [J]. Language, 1981, 57 (1): 26-44.

[9] COONTZ S. Marriage: A history [M]. New York: Viking Penguin, 2005.

[10] D'ANDRADE R. Cultural meaning system [M]// SHWEDER R, LEVINE, R. Cultural theory: essays on mind, self and emotion. Cambridge: Cambridge University Press, 1984: 88-119.

[11] D'ANDRADE R. A folk model of the mind [M]// HOLLAND D, QUIMM N. Cultural models in language and thought. Cambridge: Cambridge University Press, 1987: 112-148.

[12] D'ANDRADE R. The development of cognitive anthropology [M]. Cambridge: Cambridge University Press, 1995.

[13] DEIGAN A. Metaphorical expressions and culture: An indirect link [J]. Metaphor and Symbol, 2003, 18 (4): 255-271.

[14] DOBROVOL'SKIJ D, PIIRAINEN E. Figurative language: Cross-cultural and cross-linguistic perspective [M]. Amsterdam: Elsevier, 2005.

[15] DUNN C. Cultural models and metaphors for marriage: An analysis of discourse at Japanese wedding receptions [J]. Ethos, 2004, 32(3): 348-373.

[16] FAUCONNIER G, TURNER M. The way we think: Conceptual blending and the mind's hidden complexities [M]. New York: Basic Books, 2002.

[17] FAUCONNIER G. Mental space [M]. New York: Cambridge University Press, 1994.

[18] FAUCONNIER G. Mappings in thought and language [M]. Cambridge: Cambridge University Press, 1997.

[19] FILLMORE C. An alternative to checklist theories of meaning [M]// COGEN C, THOMPSON H, THURGOOD G, WHISTLER K, WRIGHT J. Proceedings of the first annual meeting of the Berkeley linguistic society. Berkeley: University of California Press, 1975: 123−131.

[20] FILLMORE C. Frame semantics [M]// The Linguisitc Society of Korea. Linguistics in the morning calm. Seoul: Hanshin, 1882: 111−137.

[21] FILLMORE C. Frames and semantics of understanding [J]. Quaderni di Semantica, 1985, 6: 222−254.

[22] FORCEVILLE C, URIOS-APARISI E. (eds.) Multimodal metaphor [M]. Berlin/New York: Mouton de Gruyter, 2009.

[23] GEERAERTS D. Methodology in cognitive linguistics [M]// KRISTIANSEN G, ACHARD M, DIRVEN R, MENDOZA F. Cognitive linguistics: current application and future perspective. Berlin&New York: Mouton De Gruyter, 2006, 21−50.

[24] GIBBS R. Taking metaphor out of our heads and putting it into the cultural world [M]// GIBBS R, STEEN, G. Metaphors in cognitive linguistics. Amsterdam: John Benjamins, 1999, 146−166.

[25] GIBBS R. Why cognitive linguistics should care more about empirical methods? [M]// GONZALEZ-MARQUEZ M, MITTELERG I, COULSON S, SPIVEY M. Methods in cognitive linguistics. Amsterdam: John Benjamins, 2007, 3−18.

[26] GIBBS R. (ed.) The Cambridge handbook of metaphor and thought [M]. Cambridge: Cambridge University Press, 2008.

[27] GOODENOUGH W. Cultural anthropology and linguistics [M]// GARVIN P. Report of the Seventh Annual Round Table Meeting on Linguistics and Language Study. Washington, D. C.: Georgetown University, 1957.

[28] GRADY J. THEORIES ARE BUILDINGS revisited [J]. Cognitive linguistics, 1997, 8: 267-290.

[29] GRADY J. Foundations of meaning: Primary metaphors and primary scenes [D]. University of California at Berkeley, 1997.

[30] HIRAGO M. Metaphors Japanese women live by [J]. Working papers on language, gender, and sexism, 1991, 1 (1): 38-57.

[31] HOLLAND D, SKINNER D. Prestige and intimacy: The cultural models behind Americans' talk about gender types [M]// HOLLAND D, Culture N. Cultural models in language and thought. Cambridge: Cambridge university press, 1987, 78-111.

[32] HUTCHINS E. Culture and inference: A Trobriand case study [M]. Cambridge: Harvard University Press, 1980.

[33] HITCHINS E. Myth and experience in the Trobriand Islands [M]// HOLLAND D, Culture N. Cultural models in language and thought. Cambridge: Cambridge university press, 1987, 269-289.

[34] KAY P. Taxonomy and semantic contrast [J]. Language, 1971, 47 (4): 866-887.

[35] KING B. The conceptual structure of emotional experience in Chinese [D]. Ohio State University, 1989.

[36] KOVECSES Z. Metaphors of anger, pride an love: A lexical approach to the structure of concepts [M]. Amsterdam: Benjamins, 1986.

[37] KOVECSES Z. The language of love: the semantics of passion in conversational English [M]. Lewisburg, PA: Bucknell University Press, 1988.

[38] KOVECSES Z. Emotion concepts [M]. Berlin and New York: Springer-Verlag, 1990.

[39] KOVECSES Z. Does metaphor reflect or constitute cultural models? [M]// GIBBS R, STEEN, G. Metaphors in cognitive linguistics. Amsterdam: John Benjamins, 1999, 167-188.

[40] KOVECSES Z. Metaphor and emotion: Language, culture and body in human feeling [M]. Cambridge: Cambridge university press.

[41] KOVECSES Z. Metaphor: A practical introduction [M]. New York and Oxford: Oxford University Press, 2002.

[42] KOVECSES Z. Introduction: Cultural variation in metaphor [J]. European Journal of English Studies, 2004, 8(3): 263-274.

[43] KOVECSES Z. Metaphor in culture: universality and variation [M]. Cambridge: Cambridge University Press, 2005.

[44] KOVECSES Z. Conceptual metaphor theory: Some criticism and alternative proposals [J]. Annual Review of Cognitive Linguistics, 2008, 6: 168-184.

[45] KOVECSES Z. Recent development in metaphor theory [J]. Review of Cognitive Linguistics, 2011, 9(1): 11-25.

[46] LAKOFF G. JOHNSON M. Metaphors we live by [M]. Chicago: University of Chicago Press, 1980.

[47] LAKOFF G. JOHNSON M. Philosophy in the flesh: The embodied mind and its challenges to western thought [M]. New York:

Basic Books, 1999.

[48] LAKOFF G, KOVECSES Z. The cognitive model of anger inherent in American English [M]// HOLLAND D, 奎因 N. Cultural models in language and thought. Cambridge: Cambridge university press, 1987, 195-221.

[49] LAKOFF G, TURNER M. More than cool reason: A field guide to poetic metaphor [M]. Chicago: University of Chicago Press, 1989.

[50] LAKOFF G. Women, fire, and dangerous things: What categories reveal about the mind [M]. Chicago: University of Chicago Press, 1987.

[51] LAKOFF G. The contemporary theory of metaphor [M]// ORTONY A. Metaphor and thought. Cambridge: Cambridge University Press, 1993: 201-251.

[52] LAKOFF G. Moral Politics: What conservatives know that liberals don't? [M]. Chicago: University of Chicago Press, 1996.

[53] LAKOFF G. Don't think of an elephant [M]. White River Junction, Vt: Chelsea Green Publishing, 2004.

[54] LAKOFF G. The political mind [M]. New York: Viking Press, 2008.

[55] LAKOFF G, WEHLING E. The little blue book: The essential guide to thinking and talking democratic [M]. New York: Free Press, 2012.

[56] LAMB S. Bidirectional processing in language and related cognitive systems [M]// BARLOW M, KEMMER S. Usage-based

models of language. Stanford, CA: CSLI Publication, 2000: 87-119.

[57] LITTLEMORE J. The effect of cultural background on metaphor interpretation [J]. Metaphor and Symbol, 2003, 18 (4): 273-288.

[58] LUTZ C. Emotion words and emotional development on Ifauluk atoll [D]. Harvard University, 1980.

[59] MANDLER G. Mind and body: The psychology of emotion and stress [M]. New York: Norton.

[60] MATSUKI K. Metaphors of anger in Japanese [M]// TAYLOR J, MACLAURY R. Language and the cognitive construal of the world. Berlin: Mouton de Gruyter, 1995.

[61] MCMULLEN L, CONWAY J. Conventional metaphors for depression [M]//FUSSEL S. The verbal communication of emotions: Interdisciplinary Perspectives. Mahwah, NJ: Lawrence Erlbaumm, 2002, 167-181.

[62] MINSKY M. A framework for representing knowledge [M]// WINSTON P. The psychology of computer vision. New York: McGraw-Hill, 1975, 211-277.

[63] MYERS D. Exploring social psychology [M]. Boston, MA: McGraw-Hill, 2008.

[64] OAKES L, COHEN L. Infant perception of a causal event [J]. Cognitive Development, 1990, 5 (2): 193-207.

[65] ORTONY A. (ed.) Metaphor and thought [M]. Cambridge: Cambridge University Press, 1993.

[66] PRAGGLEJAZ GROUP. MIP: A method for identifying metaphorically used words in discourse [J]. Metaphor and symbol, 2007,

22(1): 1-39.

[67] QUINN N. Convergent evidence for a cultural model of American marriage [M]// HOLLAND D, QUINN N. Cultural models in language and thought. Cambridge: Cambridge University Press, 1987, 173-192.

[68] QUINN N. The cultural basis of metaphor [M]//FERNANDEZ J. Beyond metaphor: The theory of tropes in anthropology. Stanford, CA: Standford University Press, 1991, 56-93.

[69] QUINN N. Finding cultural in talk: A collection of methods [M]. New York: Palgrave Macmillan, 2005.

[70] ROSCH E. Cognitive Reference Point [J]. Cognitive Psychology, 1975, 7: 532-547.

[71] ROSCH E. Human categorization [M]// WARREN N. Studies in cross-cultural psychology. London: Academic Press, 1977, 1-49.

[72] ROSCH E. Principles and categorization [M]// ROSCH E, LLOYD B. Cognition and categorization. New York: Lawrence Erlbaum, 1978, 27-48.

[73] ROSLYN F, DIRVEN R, ZIEMKE T, BERNARDEZ E. (eds.) Body, language and mind [M]. Berlin&New York: Mouton de Gruyter, 2008.

[74] RUMELHART D, ANDREW O. The representation of knowledge in memory [M]// ANDERSON R, SPIRO R, MONTAGUE W. Schooling and acquisition of knowledge. Hillsdale, NJ: Lawrence Erlbaum Associates, 1977, 99-135.

[75] RUMELHART D. Schemata: The building blocks of cognition [M]// SPIRO R, BRUCE B, BREWER W. Theoretical issues in

reading comprehension. Hillsdale, NJ: Lawrence Erlbaum Associates, 1980, 33-58.

[76] SCHANK R, ABELSON R. Scripts, plans, goals and understanding [M]. Hillsdale: NJ: Lawrence Erlbaum, 1977.

[77] SEARL J. Intentionality [M]. Cambridge: Cambridge university press, 1983.

[78] STEEN G. From linguistics to conceptual metaphor in five steps [M]// GIBBS R, STEEN G. Metaphor in cognitive linguistics. Amsterdam: John Benjamins, 1999, 57-77.

[79] SU, L. What can metaphor tell us about culture [J]. Language and Linguistics, 2002, 3 (3): 589-613.

[80] SWEETSER E. The definition of lie: An examination of the folk models underlying a semantic prototype [M]// HOLLAND D, QUINN N. Cultural models in language and thought. Cambridge University Press, 1987, 43-66.

[81] TAYLOR J. Linguistic Categorization [M]. Oxford: Oxford University Press, 1989.

[82] TYLER S. Cognitive Anthroplogy [M]. New York: Holt, Rinehart and Winston, 1969.

[83] UNGERER F, SCHMID H. An introduction to cognitive linguistics [M]. Beijing: Foreign Language Teaching and Research Press, 2001.

[84] WHITE G. Proverbs and cultural models: An American Psychology of Problem Solving [M]// HOLLAND D, QUINN, N. Cultural models in language and thought. Cambridge: Cambridge

university press, 1987, 112-148.

[85] YU N. Metaphorical expressions of anger and happiness [J]. Metaphor and symbolic activity, 1995, 10（2）: 59-92.

[86] YU N. The contemporary theory of metaphor: a perspective from Chinese [M]. Amsterdam: John Benjamins, 1998.

[87] YU N. Metaphor from body and culture [M]// GIBBS R. The Cambridge handbook of metaphor and thought. Cambridge and New York: Cambridge University Press, 2008, 247-261.

[88] ZADEH L. Fuzzy set [J]. Information and control, 1965, 8: 338-353.

[89] 班固, 陈选. 白虎通义: 御定小学集注 [M]. 长春: 吉林出版集团有限责任公司, 2005.

[90] 包芳. 英汉语中爱情婚姻隐喻对比分析 [J]. 岱宗学刊, 2010, 14（1）: 44-46.

[91] 程俊英. 诗经译注 [M]. 上海: 上海古籍出版社, 2004.

[92] 胡奇光, 方环海. 尔雅译注 [M]. 上海: 上海古籍出版社, 2004.

[93] 黄华新, 吴恩锋. 论汉语"人生"的隐喻认知机制 [J]. 浙江社会科学, 2005, 4: 106-111.

[94] 蓝纯. 认知语言学与隐喻研究 [M]. 北京: 外语教学与研究出版社, 2005.

[95] 蓝纯, 郑霞. 宋词与当代流行歌曲中的爱情认知模式 [J]. 外语研究, 2011, 5: 51-58.

[96] 雷春仪. 从文化视角研究中英爱情与婚姻隐喻的差异 [J]. 中国民航飞行学院学报, 2007, 18（4）: 49-51.

[97] 李福印. 认知模式: 隐喻的根源 [J]. 修辞学习, 1995, 6: 38-39.

[98] 李福印. 认知语言学概论 [M]. 北京：北京大学出版社，2008.

[99] 束定芳. 隐喻学研究 [M]. 上海：上海外语教育出版社，2000.

[100] 束定芳. 近10年来国外认知语言学最新进展与发展趋势 [J]. 外语研究，2012，1：36-44.

[101] 束定芳. 认知语言学研究方法 [M]. 上海：上海外语教育出版社，2013.

[102] 束定芳，汤本庆. 隐喻研究中的若干问题与研究课题 [J]. 外语研究，2002，2：1-6.

[103] 王文斌，姚俊. 汉英隐喻习语ICM和CB的认知对比考察 [J]. 外语与外语教学，2004，5：36-40.

[104] 王寅. 语篇连贯的认知世界分析方法——体验哲学和认知语言学对语篇连贯性的解释 [J]. 外语学刊，2005，4：16-24.

[105] 王寅. 认知语言学 [M]. 上海：上海外语教育出版社，2007.

[106] 维特根斯坦. 哲学研究 [M]. 李步楼，译. 北京：商务印书馆，1996.

[107] 熊学亮. 第一人称零主语的ICM分析 [J]. 现代外语，2001，1：34-44.

[108] 亚里士多德. 政治学 [M]. 高文书，译. 北京：中国社会科学出版社，2009.

[109] 张涛，项永琴. 中国史话社会风俗系列：婚姻史话 [M]. 北京：社会科学文献出版社，2012.

[110] 张霄军，曲维光. 国内外隐喻知识库建设综述 [J]. 计算机应用研究. 2008，25（9）：2561-2565.

[111] 赵爱萍，赵佳娜. 关于"爱情、婚姻"的概念隐喻 [J]. 牡丹江大学学报，2012，21（3）：71-74.

[112] 赵艳芳. 认知语言学概论[M]. 上海：上海外语教育出版社，2001.

[113] 中共中央编译局. 马克思恩格斯选集[M]. 北京：人民出版社，2012.

[114] 中国法制出版社编. 中华人民共和国婚姻法[M]. 北京：中国法制出版社，2011.

[115] 中国社会科学院语言研究所词典编辑室. 现代汉语词典（第六版）[M]. 北京：商务印书馆，2012.

附　录

附录 I　采访提纲

第一部分：进入婚姻

1. 您和您的丈夫／妻子是怎么认识的？当时他／她最吸引你的地方是什么？

2. 在认知他（她）之前，你心中有没有一个理想丈夫／妻子的样子？

3. 恋爱过程中，你们的感情是一直比较顺利的发展，还是中间有些曲折？

4. 在什么样的契机下，你开始很认真地考虑这段感情，然后觉得"嗯，就是他（她）了"？

5. 能不能和我讲讲你们的婚礼？

第二部分：婚姻中

1. 从恋爱走向婚姻，这个过渡对你容易吗？

2. 能不能回忆一下你们的婚姻中让你特别难忘的事情？

3. 你们在婚姻中会有争吵吗？会为什么样的事情争吵？

4. 孩子的诞生给你们的婚姻带来怎样的影响？

5. 性在你们的婚姻中处于一种什么样的位置？

6. 你们家大事、小事是谁做决定？

第三部分：反思婚姻

1. 能不能和我讲讲您父母的婚姻，他们的婚姻给有没有影响你对婚姻的一些理解和看法？

2. 您觉得在您的各种人际关系当中，比如说父母—子女关系、朋友关系，还有婚姻关系，婚姻关系处于一种什么样的位置？

3. 和事业相比，婚姻在您的生命中占据什么位置？

4. 您怎样看待婚姻中的付出和奉献？

5. 您是怎么看待爱情和婚姻的关系？

6. 您怎样看待婚外恋？

7. 能不能总结一下什么样的婚姻是好的婚姻？

8. 您觉得这些年，您在婚姻中得到最大的成长是什么？

附录 II　文学语料来源

汉语：

毕淑敏《婚姻建筑》

毕淑敏《婚姻的四棱柱》

毕淑敏《幸福家庭预报》

池莉《说说婚姻》

池莉《说说离婚》

周国平《调侃婚姻》

周国平《宽松的婚姻》

周国平《婚姻反思录》

苏芩《半路夫妻常尴尬》

苏芩《因为吵架，所以不会离婚》

柏杨《婚姻的大敌》

朱德庸《婚姻是一场华丽冒险》

徐岫茹《婚姻是一种缓慢生长的植物》

杨纯柱《父母的婚姻》

方益松《婚姻就像沙做的塔》

佚名《我的婚姻价值观》

佚名《幸福婚姻》

佚名《婚姻，勇敢者的游戏》

佚名《婚姻保鲜》

佚名《婚姻是一场冒险》

佚名《玻璃房子式的二次婚姻》

佚名《我们的婚姻何处安放》

佚名《孩子是婚姻的黏合剂》

英语：

Sydney Harris Love is Not Merchandise

Lisa Great Divine Principles for Success

Clark Fitzgerald Rich Perspectives

Robert Browning The Beauty of the Long Journey

Gail Rodgers Tools for Building an Intimate Marriage

Amy Slabaugh Learning to Communicate

Dr. Bonnie Eaker Weil Challenges to a Lasting Relationship

Kiki Anderson Characteristic of a Successful Marriage

Regi Campbell The Marriage Cage

Amina Alhassan Your Marriage is Your Script

Antony Aris-Osula Five Ways to Have a Fruitful Marriage

Charles Lamb A Bachelor's Complaint of the behaviour of Marriage People

Marianne Williamson A Prayer for Couples

Rebekah Kim Marriage

Anita Gogno Just Like New

Joanna Slan Damaged Goods

John Piper For Single Man and Woman

James Robison Living in Love

Anonymity Love, Marriage and Family

附录Ⅲ 隐喻表达汇总（汉语部分）

情感信箱

我们结婚10年了，虽然总是有磕磕绊绊，但感情应该算是融洽的。（2013-08-01）

最近有严重的矛盾发生，似乎要致命了。（2013-08-01）

中国的许多老人，即使条件许可，也要强行和成年孩子住在一起，是孩子婚姻质量下降、甚至破裂的主要原因。（2013-08-01）

婚姻是没有任何强制力的契约，背叛的后果不是阉割或囚禁，而

是婚姻破裂。(2013-08-04)

这是婚姻必须承担的风险,你看错了一个人,那就得接受他终于呈现的丑陋。这正像你挑错一只股票,轻信了流言,结果却是一跌再跌,除了止损,求神拜佛都没用。(2013-08-04)

答案若是不是,那么恭喜你,这个婚姻真的带给你很多利益,怎么折腾都不会散。(2013-08-04)

他把出轨的原因推到我身上,这公平吗?(2013-08-06)

我想说的是,你现在维持有名无实的婚姻,这个决定太不明确。(2013-08-06)

如果你要性爱,他就给,纵使他做完马上去抽烟干活,那么,这婚姻也还没有到破裂的境地。(2013-08-11)

可是自从出了三月份他父母要买房这件事后,我们的关系急转直下。(2013-08-25)

我们问题的导火索出在他父母要买房子这件事情上。(2013-08-25)

另一方面觉得以后生活在一起要处处设防,会活得很累,是不是该趁没有孩子赶紧解脱?(2013-08-25)

不过这主动权已经不在你这边了,对方铁下心要离,你是挡不住的。(2013-08-25)

我真的很痛苦,不知道她到底是怎么了,要说有外遇那基本是不可能的,她连门都不出。(2013-08-30)

只要一不遂她意,她就没好脸色,还爆粗口,然后就不理我,冷战好几天。(2013-08-30)

唯一的风险是,她与前夫的关系处于"让人无法抓狂,可又随时可以复合"的危险状态。(2013-08-30)

结婚三年，三年之痒。（2013-09-03）

要不是我无意中在存档文件中发现了他出轨的证据，也许现在还对他很放心，因为一直以来对他很信任。（2013-09-03）

在我看来，这不过是猫捉老鼠的游戏。（2013-09-03）

尽管在这之前，我们都同床异梦，各怀鬼胎，但表面上还是如胶似漆，恩恩爱爱。（2013-09-03）

可这几年，身边的朋友分分合合，结了又离，我早已看作家常便饭。（2013-09-03）

一些男性朋友坦然地对我说，搞外遇也一定要安全的外遇，家里一定要太平。（2013-09-03）

婚姻崇拜者可以看到它玫瑰的一面，婚姻厌恶者的双手却被它的荆棘划伤。（2013-09-03）

我们大多数无趣的婚姻，主要出发点不是因为爱得不愿分开，而是为了堵他人的口，可能也是由于这个原罪，婚姻看起来都獐头鼠目的，气质不好。（2013-09-03）

你不信婚姻，你就会放弃心死，或者选择把婚姻当成坟墓，或者决定不再需要婚姻。（2013-09-03）

我能感到我老婆当时在我暂时不能给她物质、精神和肉体满足时，她想出轨，但我了解我老婆，她当时只是想了，但没行动。（2013-09-05）

如果真是三样都无法给她，那婚姻的基础就不存在了。（2013-09-05）

她不满，你改进（反之亦然），这本来就是婚姻的活力之一。（2013-09-05）

我是一个离婚两年多的男人，离婚的原因是我妻子有了外遇。

（2013-09-08）

有人累感不爱，但是觉得在孩子面前演一出"圆满家庭、恩爱夫妻"的戏，对孩子是好的。真能演到孩子感觉不到，那倒是可以，不过影帝影后也就那么几个，两人的演技都不出纰漏，骗孩子一辈子，成功率微乎其微。（2013-09-08）

婚后和他父母住在一起，孩子出生，摩擦就来了。（2013-09-15）

坍塌的不只是我的婚姻家庭，还有对他深深的自责和眷恋。（2013-09-15）

因为探讨两人是否相爱，两人选择大打出手。结果是谁赢了听谁的吗？胜者说爱是爱，说不爱就不爱。（2013-09-15）

我知道大部分问题局外人是帮不上忙的，但是倾诉的确是解压的一种好方式，尤其是对局外人。（2013-09-17）

我和我先生结婚不到半年，原本感情甚笃，但最近谈到关于何时要宝宝的问题两人开始产生分歧，并且争执愈演愈烈，连婚姻都快"风雨飘摇"了。（2013-09-17）

他认为太晚生宝宝会影响母子的健康，孩子长大了也会由于父母正值退休而面临压力，并且三角形是最稳固的造型，他相信有了孩子会使家庭更加团结和睦，而且他也更有动力为了这个家去奋斗。（2013-09-17）

现在矛盾不断升级，他埋怨我没有责任心，而我却对自己无法决定自己何时要宝宝而感到气愤。眼看着双方僵持不下，不知何处是出路呢。（2013-09-17）

我知道婚姻中必须要有让步，但是有些问题就是不存在折中，必须有一个人完全妥协。零和的博弈必然有一个人要受伤，而在婚姻中，赢的人到头来也不一定好过。（2013-09-17）

拒绝生殖完全可以成为婚前协议的选项。（2013-09-17）

或许真的有7年之痒吗？（2013-09-22）

结果你是习惯了混蛋，感情等于判了无期徒刑，吃穿得再舒服，也像是住在秦城监狱，乐趣是不多的。（2013-09-22）

我和妻子结婚快两周年了，我确定我们是彼此相爱的。可是却发生了一件让我极其痛苦的事——妻子出轨了。（2013-09-27）

碰到这种当事人怎么也走不出来的迷局，两人分手，各自将旧事封存，然后重新开始，是最合理、最清爽的解决方法。（2013-09-27）

离婚（或分手）某种程度上相当于救生艇，以保证当事人不会随着破裂的感情大船一起下沉。（2013-09-27）

那十万块的两晚，也有赌气的成分：我就这样还赌债，破罐破摔吧。你老羞辱她，她会跟着你羞辱自己。（2013-09-27）

在这危险期，对老婆更好一点。这样事发后有从轻情节。（2013-10-14）

中国这个社会若不是证件很重要，有些事情离了某个证就没法办，那么，婚姻消亡的速度一定更快。（2013-10-20）

分手成本过高的性，比如婚姻，依恋消失后，又容易变成无形的监禁。（2013-10-20）

看完你的邮件，我甚至觉得他有一点可怜呢。因为他像你的实验品，你用各种方式诱发她的激情。（2013-10-22）

婚姻有个最本质的追求，从来不曾改变过。那就是，两个人合在一起，他们比以前更快乐、更有力量。违背这点的，婚姻难免越来越不舒服，为了面子、为了长辈的压力、为了生殖，一时冲动的婚姻，都不是为自己活，婚姻趋向于痛苦就很难免了。（2013-11-04）

若有转世的话，他们上辈子一定是仇人，用这种方式互相折磨。（2013-11-04）

你们本来可以过得不错的，你对生活有担当，坐拥两套房子，父母容易对付，也有点钱创业。婚姻的起点比同龄人好很多，可是极端性格还是会把这一切摔烂。（2013-11-04）

婚后两年多，虽有过矛盾摩擦，但也基于爱的基础之上求同存异。（2013-11-11）

我无意中发现，她精神出轨了，而那个人现在美国打工，是已婚男人。（2013-11-15）

你怎么被踩躏都没脾气，压迫者反而更瞧不起你。（2013-11-15）

我觉得我很快就会有婚外恋——这不符合我的世界观。（2013-11-17）

这种人到今天我才醒悟，他没得变化了，太自我为中心，太自私了。（2013-11-22）

我每天下班了还得像保姆一样，搞卫生，带小孩，小孩的生病，教育都是自己管。（2013-11-22）

我跟他可以因为很小的事冷战一个月互相不说话。（2013-11-22）

我觉得似乎我在这个家里就是个保姆，还自带工资。（2013-12-02）

我的婚姻就是块鸡肋，食之无味弃之可惜。（2013-12-02）

在女性从属于男性时，家暴是男性的特权，就像他们可以摔碎手里的杯子一样，女人也只不过是其财产之一，并无独立的人格。（2013-12-02）

那么，为了自己的幸福，你到时就得鼓足勇气离开这个施暴者了。（2013-12-02）

我们本就不同路，不是一类人。（2013-12-06）

看到同学都是成双成对，自己却形单影只。（2013-12-08）

当你准备和一个人共度一生时，生活趋向于平淡是必然的。（2013-12-08）

他曾经给你自由，那是他原来放弃得过多，不意味着原来正确；他现在收回主权，未必是错的。（2013-12-08）

他对家庭很有责任心，对我也是非常好，结婚多年，感情一直很好，可是我竟然出轨了。（2013-12-23）

文学作品

当初油饰一新的外表开始衰败，地基被蝼蚁蛀了密集的窝孔，承重梁根本就没有打进钢筋，甚至古怪到没有玻璃没有门所用砖瓦都是伪劣产品。这些可叹可怜的小屋，在风雨中摇摇欲坠，不时传来断裂和毁坏的噪声。再过几年看看，有的已夷为平地，主体结构渺无踪影，遗下一片废墟。有的被谎言的爬山虎密密匝匝地封锁，你再也窥不到内部的真实。有的门户大开，监守自盗歹人出没，爱情的珍藏已荡然无存。有的徒有虚名地支撑着，炕灰灶冷了无生机。（毕淑敏《婚姻建筑》）

婚姻的本质更像是一种生长缓慢的植物，需要不断灌溉，加施肥料，修枝理叶，打杀害虫，才有持久的绿荫。（毕淑敏《婚姻的四棱柱》）

婚姻是一场马拉松呢，从鬓角青青搏到白发苍苍。路边有风景，更有荆棘，你可以张望，但不能回头。风和日丽要跑，狂风暴雨也要冲，只有清醒如水的意志持之以恒的耐力，才能撞到终点的红绳。（毕淑敏《幸福家庭预报》）

尤其具有现代文明意义的是，邓颖超坚持了爱情是婚姻的根本。（池莉《说说婚姻》）

道是：宁拆十座庙不拆一桩婚。（池莉《说说婚姻》）

可见爱情这个东西，在婚姻里头，不管你承认还是不承认，它都尤其重要，它就是婚姻的骨头、支柱、钢铁构架、坚固基石。（池莉《说说婚姻》）

婚姻究竟是什么意思？已有无数解释，比如：婚姻是合同，是契约，是聋子，是一场马拉松长跑，是爱情的坟墓，是一种专制体制，是搭伙过日子。钱钟书小说《围城》之喻，最为广泛接受：婚姻是座围城——外面的想进去，里面的想出来。（池莉《说说婚姻》）

到底还是我们古人智慧，"婚姻"的造字，其实就已经直指客观事实：一个发昏的女人框住了一大人（成年人）——婚姻里男人被囚，女人看守。（池莉《说说婚姻》）

民政部发言人这样分析：四川省离婚率年年攀高，正是汶川大地震震醒了四川人民，生命脆弱和短暂的危机意识十分强烈，因此使得缺乏爱情的婚姻纷纷解体。（池莉《说说离婚》）

他（林语堂）说，所谓美满婚姻，不过是夫妇彼此迁就和习惯的结果，就像一双旧鞋，穿久了变得合脚，无独有偶，古罗马一位先生也把婚姻譬作鞋子，他离婚了，朋友责问他：你的太太不贞吗？不漂亮吗？不多育吗？他指指自己的鞋子答道：你们谁也说不上它什么地方夹我的脚。（周国平《调侃婚姻》）

如果说性别是大自然的一个最奇妙的发明，那么婚姻就是人类的一个最笨拙的发明。自从人类发明这部机器，它就老是出毛病，使我们为调试它修理它伤透脑筋。遗憾的是，迄今为止的事实表明，人类的智慧尚不能发明出一种更好的机器，足以配得上并且对付得

了大自然那个奇妙的发明。(周国平《调侃婚姻》)

婚姻无非就是给自由设置一道门栏,在实际生活中,它也许关得严,也许关不严,但好歹得有。没有这道门栏,完全开放,就不成其为婚姻了。婚姻本质上不可能承认当事人有越出门栏的自由,必然把婚外恋和婚外性行为视作犯规行为。(周国平《宽松的婚姻》)

犯规未必导致婚姻破裂,但几乎肯定会破坏安宁。(周国平《宽松的婚姻》)

结婚是一个信号,表明两个人如胶似漆仿佛融成了一体的热恋有它的极限,然后就要降温,适当拉开距离,重新成为两个独立的人,携起手来走人生的路。(周国平《宽松的婚姻》)

我无法设想,两个富有个性的活生生的人之间的天长地久的情感生活,会是一条没有任何暗流或支流,永远不起波澜的平坦河流。倘这样,那肯定不是大自然中的河流,而只是人工修筑的水渠,倒反见其不真实了。(周国平《宽松的婚姻》)

在持久和谐的婚姻生活中,两个人的生命已经你中有我,我中有你,血肉相连一般地生长在一起了。(周国平《宽松的婚姻》

他深信唯有立足于信任而非猜疑,借宽松而非禁锢,才能保证爱情在婚姻之中仍有自由发展的空间,令婚姻优质而且坚固。此论确乎行之有效,他和他的妻子的美满婚姻一时传为佳话。(周国平《婚姻反思录》)

据说他的婚姻宣告破裂,他和他的妻子已经友好分手。(周国平《婚姻反思录》)

然而,偏偏愈是基于爱情的结合,比起那些以传统伦理和实际利益为基础的婚姻来,愈有其脆弱之处。(周国平《婚姻反思录》)

假如他们足够幸运,又足够成熟,因此能够足够长久地相爱,那

么，他们倒也能做到情深意笃，琴瑟和谐，成就一段美满姻缘。(周国平《婚姻反思录》)

爱情是人生的珍宝，当我们用婚姻这只船运载爱情的珍宝时，我们的使命是尽量绕开暗礁，躲开风浪，安全到达目的地。谁若故意迎着风浪上，固然可以获得冒险的乐趣，但也说明了他（她）对船中的珍宝并不爱惜。(周国平《婚姻反思录》)

有这样的说法：原配夫妻是同一套碗筷碟勺，看着配套，用着舒服，半路夫妻是两套摔剩下的碗筷碟勺勉强拼凑成一套，虽然也是一样地使用，但难免有不配套的尴尬。(苏岑《半路夫妻常尴尬》)

即便婚姻屡屡不幸，找个伴搭伙过日子也依旧会是大多数人的第一选择。(苏岑《半路夫妻常尴尬》)

对方带来的儿女会敌视：如果没有你，我的爸爸妈妈一定还会有破镜重圆的一天。(苏岑《半路夫妻常尴尬》)

老公老婆彼此会更累心：他是不是嫌我不如她的前夫有钱？他是不是还跟前妻藕断丝连？(苏岑《半路夫妻常尴尬》)

家家有本难念的经，再婚夫妻这本账是尤其难算！(苏岑《半路夫妻常尴尬》)

再婚夫妻，生活上更牢固，感情上更飘摇。(苏岑《半路夫妻常尴尬》)

一种是，人前伉俪情深相敬如宾，没吵过架，没拌过嘴，周围的人提起他们总是竖起大拇指夸赞是"夫妻楷模"。(苏岑《因为吵架，所以不会离婚》)

另一种是，家庭战争从未停歇，摔锅砸碗肉体搏斗，出门总是脸挂淤青，周围人给他们算命是"早晚得离"。(苏岑《因为吵架，所以不会离婚》)

当代夫妻间的吵吵闹闹更像是一场表演，重要的不是谁战胜谁，而是让双方觉得互有参与感。（苏岑《因为吵架，所以不会离婚》）

不想离婚的夫妻该时常找找碴吵吵架，也许仅仅是无关痛痒的小事件，但几番拌嘴争执下来，会让婚姻更有黏性。（苏岑《因为吵架，所以不会离婚》）

吵吵闹闹一辈子，痛并快乐着，其实，这才是婚姻的真滋味！（苏岑《因为吵架，所以不会离婚》）

永远不要把婚姻看作一张只写了两个人名字的纸，婚姻就像由无数粒沙子聚成的塔，需要经年的堆砌与累积。经过岁月的洗礼与沉淀，婚后的爱情有机地融入了柴米油盐酱醋茶，并且失去了恋爱最初的光芒和繁华。就像是无数粒毫无光泽与生机的沙子，经过长年的风化，只剩下洗尽铅华的真实与普通。（方益松《婚姻就像沙做的塔》）

但即使这平实的婚姻，也来不得半点松弛与懈怠。就像堆砌成塔的沙子，既然有缘聚合，就难免会不停地冲撞与摩擦。婚姻是两个人的事情，需要双方的接纳与忍耐，容不得任何一方的退缩与回避。婚姻是一潭水，总要人为地制造一些波澜才会生动起来，但这波澜只是修饰与点缀，任何风吹草动，任何一方的放弃与逼迫，都会让婚姻之塔倒掉。（方益松《婚姻就像沙做的塔》）

就像堆砌成婚姻之塔的沙子，在经年的堆砌与磨合中，无所谓谁上谁下，谁排在左右，近乎琐碎的生活中，不要只看到挤压与碰撞，而要努力地用数十年的工夫去有机组合，堆砌好婚姻之塔。朱德庸说，爱情就是男人和女人之间闭着眼睛的游戏，如果有一个人睁开了眼睛，游戏就结束了。这句话也许有一些夸张，但很多时候，婚姻当中确实需要闭上一只眼睛，用欣赏的眼光去品味和发现对方。（方益松《婚姻就像沙做的塔》）

建好一座塔需要几十年的艰辛与磨难，而摧毁一座塔却往往只在一瞬间。即使身处沙漠，只要心中有了绿洲，前方的路也会充满希望，婚姻同样如此。在生活的艰辛与磨砺中，把风霜雪雨当作一种修饰与点缀，可以疲惫了心情和表情，但永远不要忘记为婚姻之塔添砖加瓦。不要忽略婚姻中的每一粒沙子，因为任何倦怠与忽略都可以使婚姻之塔彻底倒塌。（方益松《婚姻就像沙做的塔》）

婚姻如同一座危楼，大家都知道很危险，但没有人在乎，仍然进进出出，总认为它不会塌在自己头上。（朱德庸《婚姻是一场华丽冒险》）

婚姻是旅程，外遇是偶尔的超速，老婆则是交通警察，而你要小心的是罚单。（朱德庸《婚姻是一场华丽冒险》）

有些人很容易冲动地说出"离婚"二字，动不动就分手，婚姻家庭就成了儿戏，这是心理幼稚的表现，也是对自己和亲人的不负责任。（徐岫如《婚姻是一种缓慢生长的植物》）

小林说了，他在小殷面前是奴隶，没有自我；他感到两个人性格不合，他无法忍受了；他说小殷是娇小姐太任性，他觉得你脾气太大了。（徐岫如《婚姻是一种缓慢生长的植物》）

婚姻好似一种缓慢生长的植物。恋爱和新婚的浪漫，只是播种、孕育和发芽的时期；随着那植物的生长，它会长出粗硬的枝干和绿叶，但是也有争夺养料的无用的桠杈，在开花前后、结果之前，它最容易夭折和枯萎；只有当它的根深深地扎入地下，当它的花有充分的养料和阳光雨露，才能使人们一年又一年充分地享受它的甜美的果实。（徐岫如《婚姻是一种缓慢生长的植物》）

当我们看到一对幸福的金婚老人时，就会想到那郁郁葱葱的连理树，它们根根互连，枝干纠缠，成了不可分割的、一个尽善尽美的

整体。(徐岫如《婚姻是一种缓慢生长的植物》)

尽管环境会千变万化，但夫妻之间的相互给予和奉献，使他们共同进入一个崭新的天地，那就是所谓比翼齐飞、珠联璧合的境界，即婚姻的成熟期。(徐岫如《婚姻是一种缓慢生长的植物》)

走进婚姻生活的人，每个人都做一个勤奋的园丁吧，不断地耕耘、浇灌、除草、施肥，您的婚姻之树，定能枝繁叶茂。(徐岫如《婚姻是一种缓慢生长的植物》)

母亲常常抱怨，如果不是遭遇着父亲这颗自己命中的"克星"，她就不会受尽这么多的人生磨难和煎熬。(杨纯柱《父母的婚姻》)

尤其是她认为，作为一家之主的男人，就应当成为家庭的参天大树，为妻儿老小遮风避雨和带来灿烂阳光。(杨纯柱《父母的婚姻》)

父母亲这种"冤家对头"式的夫妻，显然谈不上有什么爱情可言。(杨纯柱《父母的婚姻》)

我在年少轻狂的年纪误入婚姻的迷城，像个迷路的孩子一样跌跌撞撞，对于如何经营婚姻完全不得要领。(佚名《我的婚姻价值观》)

那时候的我，像是在毫无准备的情况下被强推上一辆疾驰的马车，不由自主地跟着命运跌宕起伏的节拍疯狂地颠簸，以至于恶心呕吐伤痕累累，像被一只无形的手扼住了喉咙，想要呐喊声泪俱下，想要抗争徒劳无功，想要适应力不从心。这样的婚姻，越来越像跌入了黑暗的深渊万劫不复，越走越像陷入了最悲惨的剧情里不能自拔，越走越像走入了一条不归路难以救赎。(佚名《我的婚姻价值观》)

我是个天性不喜束缚的人，有着典型白羊座特有的天马行空我行我素的个性，而那样一段暗无天日的婚姻简直像给我套上了万斤重的铁链，压迫得我呼吸困难，痛苦得我欲哭无泪，天生的昂扬斗志和反抗精神让我宁可冲撞的头破血流也不肯妥协就范。(佚名《我的

婚姻价值观》)

于是，这场婚姻的战争里狼烟四起，剑拔弩张。（佚名《我的婚姻价值观》）

能自导自演这样一场极致的彻头彻尾的悲剧，也是需要莫大的勇气和魄力。（佚名《我的婚姻价值观》）

在决定踏入婚姻这座围城之前，我们一定要问问自己，我真得准备好了吗？（佚名《我的婚姻价值观》）

能够正常运转的婚姻不仅意味着丈夫与妻子的互相迁就，而且意味着理想与现实的互相妥协。（佚名《幸福婚姻》）

如果婚姻这个爱巢里没有了那只鸟，这时你的思念会因为对方的缺席而滋长。（佚名《幸福婚姻》）

最经典的比喻是，婚姻像围城。城外的想进去，城里的想出来，而有些浪子，永远都不想进城。还有些人，在城里住得好好的，却偏要出城走走。等到出了城，又念到城里的种种好处，于是在不断地出出进进中，寻找他的快乐。而真正的聪明人，会在城中找块空地，在房子周围开垦出一小片绿地。必要的时候，不用出城也能享受到温暖的阳光，呼吸到自由的空气。（佚名《婚姻，勇敢者的游戏》）

日久，也可能不免产生"貌合神离"的状态。到这时，就需要考虑婚姻保鲜了。（佚名《婚姻保鲜》）

得知华雷出轨的事实，我和他的婚姻更加貌合神离。（佚名《我们的婚姻何处安放？》）

用双人舞来形容婚姻，两个人配合得好，这就是一场完美的演出，两个人配合得不好，这就是磕磕碰碰。（佚名《婚姻是一场冒险》）

愿这个小小黏合剂让我们一起走到老，永不分开！（佚名《孩子是婚姻的黏合剂》）

如果说二次婚姻是玻璃房子，那头次婚姻就该是海滩边孩童们堆砌的沙堡房子！玻璃易碎易破，那沙堡房子也是一样，会被海浪冲刷得体无完肤！在我看来，婚姻必须两个人共同维系，不能说只一个人单方面付出。玻璃易碎易破，但是它很漂亮很美，用它做出来的工艺品相当勾人眼魂！但是只要好好保管它，相信还是会长久保持好它的魅力！永远的魅力！（佚名《玻璃房子式的二次婚姻》

影视作品

几年前，一位先生经历了一段暗无天日的痛苦婚姻，他带着一颗受伤的心，千难万险逃出围城，经过漫长的等待，艰难的追寻，命中的天使终于降临，这位饱经风霜，幸运地迎来了人生第二春的男人，就是婚礼的主人公常安先生。那位美丽的天使就是前当红模特陈梦小姐。

成功人士，美丽佳人，珠联璧合，天生一对。今日花好月圆，英雄牵手美人。他们即将从这里起步，共同携手迈向婚姻的不归路。

杨丹倒是要模样有模样，要条有条，还有钱，但是气场太强了，比我们家兰心还高压，绝对过不了。

你想啊，像你这种乐于伺候老婆的专业人才都受不了她，何况老袁啊，能扛到今天才离，实属不易。

这家庭就是女人给男人编制的牢笼，再温暖，再幸福，也有向往飞出牢笼的瞬间吧。

我估计老袁这会儿就应该像飞出牢笼的小鸟一样，自由快乐呢吧。

牢笼内外各有利弊，不过综合评估下来，我这个笼子还是不错的。

你看，结婚七八年，审美疲劳肯定是有的，心里偶尔也会有点痒，但我那笼子我住得挺好，还舍不得离开呢。

不会，她们肯定在研究怎么把这笼子锁严实一点，防止咱们飞出去。

我知道，你们女性呢，最受不了家庭解体的刺激，哪怕是叱咤风云的职场巾帼，她也需要家庭温暖的滋润不是。

可怜杨丹啊，自己的家园没了，还守着一个梦想家园，有什么意思。

让事业、前途、人民币都见鬼去吧，我今儿就淡泊名利了，专门在家伺候老婆，爱谁谁，手指头都不让你动一下。看小的怎么伺候您，保证让您找到慈禧太后的感觉。起驾。

老婆大人，你对钱这种孜孜以求的态度，我不能苟同，这钱挣多少是够啊，差不离儿够用就得了。

我又怎么惹着你了，念我的紧箍咒。

我都俯首甘为孺子牛了，也没让我现在的女人满足。

我看这婚姻啊，就是男人和女人争夺话语权、经济权、掌控权，看谁牺牲的更多，看谁妥协的战争更多。

这不刚回到殿堂里就出问题了嘛。

这男人对付女人，你得摩挲，摩挲，顺着毛捋，顺着气撒，跟打太极似的，借力卸力，千万别跟她们顶着，别跟她们戗着，这女人啊，不按牌理出牌。

你刚才总结的没错，这气焰就是此消彼长，我要不是步步退让，她怎么可能步步紧逼得寸进尺呢，我决定了，打明儿起，我要正式收复失地。

小宁，你是不是觉得生活在我的白色恐怖下，你觉得特别的压抑和委屈啊。

有，也是偶尔，咱俩的主旋律还是幸福的。

继往开来，承上启下，将婚姻中的顽症、难症、潜伏症一举清除。

你最好我天天就甘于在家做个家庭妇女，就围着你，围着家庭，围着孩子转。

像杨丹那种，非要西风压倒东风的女人，其下场必然是婚姻解体。

你说对了，这就是一场婚姻游戏。

其实两口子，谁在外面受累，谁在家里辛苦，只要找到适合彼此的平衡方式，就能找到幸福。这压跷跷板呢，也能压出乐子来。

老婆，我今天彻彻底底的错了。我接受你的惩罚。你准备怎么惩罚我呀。

值此七年之痒的关键时刻，为挽救家庭婚姻于崩溃的边缘。

如有一方感情出轨，将失去孩子的监护权和家庭财产分配权。净身出户，不得反悔。

我看你的反应还不像有出轨的迹象。

那要是夫妻双方都出轨了，这孩子归谁，财产怎么分配呀。

这协议让你起草，整个一个把鱼交给猫看管嘛。

老婆，我签，丧权辱国也签哈。

双方共同决定，以一年为期限，协同作战，保卫婚姻，重新寻找恋爱的感觉，追回失去的温情。

本以为跟老常结婚，算是找到一温暖的港湾了。

你们这些女人啊，太爱幻想，是不是把婚姻想象成美丽的海市蜃楼了。

可老常就是不支持我，总以为我跟他结了婚，就成了他的私有财产了。

我这点权力自由，还是通过斗争换来的。

为李梅争取自我权利的革命，取得阶段性胜利，致敬。

我说呢，我们俩都谈了7、8年了，怎么越谈越没味呢。

这些年我朴实、无私奉献，还是没能绕过七年之痒的地堡暗礁啊。看来我是犯了战略性错误，南辕北辙了。

俗话说，拴不牢篱笆进来了野狗，看来我是该加固掩体，修修城墙了。

兰心一走啊,我突然解放了,有点不太适应。

女人天生都是林黛玉,只是使小性子的频率不一样,李梅同志终于也犯病了,罢工了吧。

这家里啊,要是没个操心内务的人,真是不行。

男人负责打猎,女人负责垒窝,打天下的任务就得男人担着。

大丈夫就该为老婆遮风挡雨,什么事儿都往老婆身上推,还是个老爷们吗?

老常,你糊涂,那媳妇又不是小鸟,是吧?你给她搁到笼子里面,给点小米就行了。你得让她出去工作。

亲爱的,我错了,理当家法伺候,请老婆专程回来亲手执法。

你看,妈妈一不在,你们就要靠外援了吧。

咦,怎么突然举案齐眉了?

我跟你讲啊,夫妻夫妻,就是相互扶持的,以后家里有什么事,你都得让我跟你一块分担,别老自己装大个,什么都自己闷头扛着,听见没有啊。

哎,哪天要我给你交了白卷,你还不得一脚把我踢出去啊。

嗨,都怪你老爸把我当宠物,成天喂饱了,让我待在家里养膘。

我还想不明白呢,我把养家糊口的重担一个人挑起来了,不让老婆到外面去挣命,把她供在家里养尊处优,有什么闲不住的,非要到外面去工作。

陈梦你放心,我不会打扰你们的二人世界。

还是人家老婆有魅力啊,不但制服了自己的老公,还引起了别人家老公的注意。

陈梦和李梅啊,这是欲擒故纵,人家夫妻间斗法透着有文化。三十六计都用上了。

再说了，女人结了婚，也不能失去社会属性啊，要不只剩下家庭属性了，就成了男人的附属品。

反正你当管家这几天，我是很轻松自在。

你呢，情愿在外面当孙子，也不愿意在家当老大。

现代社会，婚姻家庭的安全系数已经下降了。

你说要是男女的角色互换，让男人在家照顾老婆孩子，女人出去挣钱养家，让男人怀孕生孩子，还哺乳，那咱女人的生活该多自在呀，这才是真正的翻身当家做主人啊。

七年以来，一头大猪被我喂胖了，一头小猪被我喂大了，再过几年我老了，也喂不动猪了，大猪小猪再把我一脚踢出去，那我是不是特别凄惨啊。

怎么样，做金丝鸟的味道如何啊，嫁个有钱有房还有车的老公，你感觉幸福吗？

据说幸福婚姻这东西吧，就像挂在狗鼻子前头二尺开外的牛肉干，一般都是看得见，够不着。

当然，我这都是听别人说的，我还没体会到婚姻的滋味。

老先生们耳聋眼花，寸步难行了，你还如花似玉呢，就得跟人伺候晚年，当保姆了呗。

被动等待不可取，主动出击才是真。你不就要工作吗，对付我爸这样的人只能智取。

我那个小鸟依人的小兰心，又飞回来了。

这是我对家庭的贡献，请老婆大人笑纳。

你们男人啊，为了让女人围着你们转，什么事儿都想得出来。

我也没问题啊，只要你永远这么小鸟依人地靠着我。

我告诉你啊，在对待闺女的教育问题上，你最好步调跟我保持一致了。

爸爸要是再帮你，你妈妈就进行疯狂的镇压了。

老公，你是勇于担当的大丈夫，咱家的顶梁柱，主心骨啊。

我属于严控期，兰心阿姨封锁了我的经济，目前我没有闲钱投资艺术品了。

知道部队里的马吧，一种是只能驮粮食装备还有伤病员的，一种是用来上阵杀敌的，说到底啊，得看是什么种。

还不是因为你给你姐递茬，她才冲出围城去了？

不管我干什么，都能变成你们俩的炮引子。

一言以蔽之，我罢工了，不伺候了。

我们家都乱成一锅粥了。

万一哪一天，李梅她地位窜升，翅膀硬了，在公司当班也当习惯了，就得回家领导你这个老公。

我不是罢工了嘛，根本没打算复工，起码现在，没有伺候兰大老板的意思。

现在后勤保障完全瘫痪。

这日子呀，就得玩着过，夫妻之间隔三岔五，斗个气，吵个架，太正常了，但这里面，也充满了斗智斗勇的乐趣。

这就说明，你心里根本没有把老袁放下，我看哪，你俩破镜重圆得了。

我跟他破镜重圆？好马不吃回头草。

这就叫魔高一尺道高一丈。

你停止扩张的野心，我立马复工。

那没办法，要不你考虑一下恢复上岗呗。

我，今天我就冒死直谏。

我倒想听听你怎么个冒死直谏。

你们这叫当局者迷，我是旁观者清。

我老是见到一些什么婚姻破裂，爱情失败的，你们两个真的称得上是模范夫妻典范。

夫妻吗，过日子，都一样，哪有勺不碰锅的啊。

其实我和我的前夫之间，根本没有什么大的原则性的问题，就是互不相让，互相忽略，如果当初我们其中有一个能把问题看透彻一点，我们不至于走到这一步的。

算了，既然都到了这一步，就只能向前看了。反正咱们吃一堑长一智，以后就不会再重蹈覆辙了嘛。

其实我懂：你的小鞭子不光抽我一人，你的预防针也不仅只给我一人打的，你这也是跑马圈地，宣示主权的一种，更是敲山震虎向张瑾示威呢。

你怎么学起兰心来了，动不动还和我动起武来了。

我是看透了，对你们这种臭男人，光有文斗不要武斗是行不通的。

结了婚就是戴上了镣铐枷锁，你跳舞都得戴着。你想要绝对的自由，就干脆别结婚。

像我们家许小宁，基本上以大棒为主，该镇压就镇压。

记住啊，温柔，是女人最好的武器。

咱们给他来一个敌进我退，敌疲我扰。

这许哥也真是的，要跟他老婆斗智斗勇，让你替他顶这么大雷。

对峙的日子啊，过得真不怎么样。

战火纷飞受不了，偃旗息鼓也好不到哪里去。

我真是害怕，这场消耗战变成持久战。

所以你就忍心看着我陷入敌人在暗我在明的被动局面？

什么敌人敌人啊，这两口子的矛盾怎么就上升到敌我矛盾了。

你以后再搞阴谋诡计，能不能别把儿子扯进来啊，儿子被你弄的都有心理阴影了。

两口子一沟通起来，就充满了火药味。

偏离主题，上纲上线，最后就互相攻击。

男女之间的战争之所以绵延不绝，就因为男人太硬，女人太软，如果大家都互换一点，互补一点，这样子矛盾就会缓和一点。

不行，我得调解一下，这不能咱们家停战了，让老朋友家里边战火纷飞啊。

可是俩人一说话就吵架，一开口就是火药味，根本没法办。

咱俩终于实现了儿子说的"相敬如宾"。

那之前咱俩闹那么大动静，打那几场恶战那是干嘛呢？

我提议啊，为我跟郭洋这两只远飞的家雀终于回归了鸟巢，来，干一杯。

庆祝两家雀迷途知返，回头是岸啊。

别跟我灌输你们那点经验，我呀，压根就没打算往婚姻那火坑里跳。

此言差矣，这婚姻经营好了，它也是个蜜罐不是吗。

火炕，你要弄好了，它烤在里面舒舒服服的，它也挺好啊。暖火炕啊。

等进了围城后，再像所有平淡夫妻那样，四平八稳地把日子一过，到时候再瓜熟蒂落地把下一代一生，你这辈子就算是齐活了。

我祝你早日跳进幸福的深渊。

你就是想把我圈起来当宠物养呗。

家庭就是男女的合作社，共同体。

以后你当你的老板，我当你的老板娘，咱俩怎么就不能夫唱妇随一下嘛。

女人抢班夺权,都是从夫唱妇随开始的。

根据协议规定,咱俩必须立即停战,各自冷静。

哎呀,被动防守变成主动出击,高明!

现在啊,除了回家待着,否则关系准恶化,战争准升级。

我今天把张瑾给回了,你赢了,把心放肚子里吧。

兰心,我太了解你了,就像饲养员了解一个动物,你一翘尾巴,我就知道你要拉什么屎。

你现在段位够高的,我退一步,你进一步,就把我挤兑得无路可走了。

为什么你们女的总爱使点阴谋诡计呢?

你姐夫以前为那女客户,没少跟我打埋伏。虽然原因也可以理解,都说开了,但我心里的弦绷紧了,有些事情必须提早做防范,要不然什么都晚了,我宁可现在使点手腕,把这些隐患都剔除了,也不是等到落水时,临时抓什么救命稻草。

你没有结过婚,不知道婚姻的复杂性,没有发言权,打江山易,守江山难。

不明白,婚姻真那么复杂恐怖,干嘛还都着急找对象,冲进围城啊。

祖宗,你这是干什么啊?

告诉你们实话吧,这是我给许小宁布下的迷魂阵。

跟他斗勇太累了,所以这次啊,我要跟他斗智。

李刚,我想徐小宁一定会故伎重演,在我身边安插一个卧底,但是宋圆圆肯定是不敢了,所以他一定会对新的薄弱环节下手。

我想请你做我的卧底。

徐小宁又找你给他当卧底了?

女耕男织，阴阳颠倒，古有花木兰替父从军，今有老爷们跟家里做牺牲，都是悲剧。

我跟你说啊，你现在受的所有踩躏，跟内心的纠结，我全都经历过。

老婆没钱，你就是家里的一根支柱，老婆有钱，你就是家里一块地毯。

我就是那孙猴子，钻到铁扇公主肚子里去了。表面上她给我吃了，其实呢，我捏着她命门呢。

谁跟你同盟啊，我可就一年，时间一到我就刑满释放了。

维持家庭婚姻中两性关系的基本平衡，坚决杜绝西风压倒东风的不良社会风气。

如今月亮的光芒已赛过太阳。

简直就是一个寄生虫。

一个愿打，一个愿挨，这个世界愿意被寄生的男人多的是。你要是后悔了，现在改当寄生虫也来得及啊。

甭管媳妇、闺女，只要翅膀硬了，就都往外飞。

领导回来啦？正好，开饭。

我可是家里的黏合剂，他们俩吵架就指着我调节气氛呢。

最重要的是可以调整一下气场，不久之后，我们家目前被颠倒的乾坤，就能扭转过来了。

兰总，戏真好，演得不错。

不是您自己出的调虎离山之计吗？

哎，领导安排的任务我都完成了啊。

他在外面的时候你不放心，这回家了你还不放心，我看你啊，你干脆把他拴在裤腰带上得了。

嘿，你可算是脱了缰了，你就野吧。别乱来啊，我警告你。

我强烈要求组织出面，替我扭转乾坤，夺回权威。

也没什么新鲜的，就是李梅的气焰越来越高涨，昨天晚上我已经发起一次反击了。

不但没达到目的，反被她加了一条，要求有大把自由时间的家庭煮夫，要严格自律，不要让她担心后院起火。

要想彻底扭转乾坤，不是一天两天能够做到的。经过长期的抗战，我已经看到了胜利的曙光。

今儿叫你们来，就是商谈计划，这两天就找两家女掌柜，进行维权磋商。

你在老公面前，捍卫什么女性尊严，你俩是打擂台还是过日子呢？

你说你，那么有前途的工作，你放着不干，在家伺候老婆孩子，像啥话啊？

一个好老公就是女人最可靠的靠山。

一传统女性，虽然在家里对我爸残酷镇压，但一出门绝对维护夫权。

行啊，现在学会搬救兵了，还雇人替你道歉。

老常啊，这病根还是在你这，你必须让陈梦出去工作，不然这问题永远解决不了。

郭洋你可以啊你，居然跟我玩阴谋诡计，找两个外人来跟我控诉，你戏也太过了吧。

男人为家庭牺牲就是忍辱负重，女人想干点事业，就叫阴阳颠倒，懂吗？

我告诉你们啊，以我这么多年的斗争经验，我提醒你们一句：现在是你们斗争的最关键时刻，千万不能心慈手软，更不能盲目退缩，该强硬就强硬，该镇压就镇压。

兰心姐，你比较有斗争经验，你可得帮帮我们啊。

行，我回去先把他镇压了。

你单方面把他镇压了，回头他们还得把邪火撒我们身上。

徐小宁一直说我跟他是两个阵营的，现在咱们两个阵营就好好地斗一斗。

对不起啊，我一看见你啊，就本能地变成了刺猬。

郭洋今儿罢工，我得接小洋去。

这事没有赢家，肯定两败俱伤啊。

感情上是这样，可是具体情况，还是能分出胜负的嘛。

可是老常离了再结，那可是三进宫了。

你失去的，只是锁链，得到的却是自由和富有。

那是吓唬陈梦呢，他要让陈梦乖乖地缴枪投降。

好了，陈梦的作战方案已经布置完毕了。

我跟郭洋正拉锯战呢。

结果他说以后为了让我多顾家，要经常罢工。

李梅，你今天的胜利可是来之不易啊，你想一夜回到解放前吗？

这个时候绝对不能心软，要是一次挺不住服了软，就会步步后退，功亏一篑。

怎么啦？消极怠工啊。

上次你跟李梅谈判失败了，你说组织帮倒忙，结果你自己想出来的斗争策略，也不怎么高明，不但没有取得胜利，还给气病了。

斗争失败，气的。

经过这短短的一夜，你们这两个家庭的局势，都发生了巨变。

你和陈梦，本来各占各的理，势均力敌，你呢，不听组织的规劝，一意孤行，想出来一个馊得不能再馊的主意。一举变主动的局势为被动。

你这场病来得太及时了，一下转劣势为优势啊。

你告诉我，只要我能做得到，你随便支使。

以维持家庭稳定的大局为重，于协议生效后7日内离开4S店。

我们家战火刚熄灭，经不起再烧了。

心理素质真够好的啊，演技绝对够专业。你跟我演了好几个月的戏了，现在台都塌了你还跟我演呢。我倒要看你怎么收场。

明修栈道暗度陈仓，你整个一智勇双全的女中豪杰啊。

我现在才琢磨过味来，合着那讨债就是一调虎离山之计，一竿子给我杵石家庄去了。

现在是咱们两家都遇到坎儿了，咱们得合力把这个坎挺过去。

我反抗过啊，被你镇压了。

你别忘了，门当户对这句话不是完全没有道理的。

有些女人啊，就是这样，她宁可把婚姻搅黄了，也不肯理性地面对问题。

说的跟私有财产似的。不过也差不多。

你干什么私活得这么跟我打埋伏啊。

你说我霸道也好，你说我委屈你也好，我就是不能眼睁睁看我的家庭受到威胁，还没有任何防范的措施。

对待婚姻哪能无为而治呢？

你要是坚决不让他去啊，你就得使女人的杀手锏——一哭二闹三上吊。

这种时候谁豁得出去谁就能赢。

你得掌控局面，主动出击，先声夺人。

女人们要是都能至少保留一份自尊，就不会有这么多婚姻死得这么难看了。

我现在是越来越深刻地体会到，婚姻和家庭的根本意义，就是在于，有人愿意跟你互相扶持着，迎接现实的风刀霜剑，让人不觉得孤独和无助。

对待这种女人，你就要坚壁清野，建筑城墙，秋风扫落叶，痛打落水狗。

没意见，一切听从首长安排。

咱两口子一块练，比翼双飞，好吧，走。

这哪是病人啊，这是西太后啊。

我现在就是我们家的主心骨，大当家。

单方面撕毁协议，悍然出工。

看着你们过日子吧，怹费劲，还是那句话，不想往火坑里跳。

军师，让我全盘掌握大局，操控我们家的经济大盘。

以后大政方针唯我马首是瞻。

不得不承认革命成功的几率和所受的压迫是成正比的。

穷则思变。被压迫得越严重，反抗得越厉害。

老常，局势发生了重大的变化，咱们丢的阵地呢，已经一块块光复了。

美苏冷战还40年呢，我们这哪跟哪啊。准备打持久战吧。

李梅，我可不希望你在这方面变成一个钢铁女战士啊。还是早日结束冷战局面，谋求和平共处吧。

我恰恰因为不想太冲动，不想像别的夫妻那样以怨报怨，扯成烂棉花套，所以才提出分居。

尽人事听天命，这种时候我绝对不允许自己扮演怨妇，什么抱着他大腿不撒手，一哭二闹三上吊的事我做不出来。

但你把凭心选择的权利放归给一个有出轨倾向的男人，你就不怕赌输，不怕失望。

我和李梅恋爱结婚整十年，我一直坚信自己是柳下惠，发生在别人身上，那些乌七八糟的事，不可能发生在我身上，可这回，我也有点二乎了。也许真有七年之痒这么一说吧。

最近这一年，因为夫妻怎么分配的问题，我跟李梅经常是烽火连天的，回到家，就跟参加大学生辩论会似的。

我的意思是，当一个男人的婚内问题，碰到了婚外吸引时，你就基本具备了出轨的土壤。

诱惑天天会有，出轨时时发生，关键是你怎么要求你自己。

那倒是，毁一个家一夜之间，建一个家千辛万苦。

这回我真是觉得啊，我们俩可能走到头了。

如果老常要这个孩子啊，形势就对你有利。跟他谈判。

那不都是老公给逼的，哪里有压迫哪里就有反抗嘛。

精神出轨比肉体背叛更可怕，你知道吗？

你比如兰心吧，是，她可能会有这样或者那样的问题，但是我们俩一块共同经营这么多年的，相濡以沫，是谁也替代不了的。

有时候得承认，我们呀，很贪婪，有了爱情还不够，还要激情，我们不安于那种心静如水的生活，老想折腾出点浪花来，证明自己还能沸腾，但是任何激情四射最后都是归于波澜不兴，婚姻的实质就是平平淡淡。所有的激情早晚有一天会退下去。但不是所有的激情都有造化变成爱情。要再转化成那种相濡以沫的亲情，更是少之又少。剩下来的这个才是真正的爱。

比如门当户对这句话，虽然不是绝对真理，但条件相当的男女在一起，感情更容易平衡融洽。

就算你愿意仙女下凡，柴米油盐，恐怕我也接不住。

谈恋爱再能天上飞，结了婚就得落地下。吃穿用度，哪样不用钱啊。

到时候好好的家散了，你不难过？

张瑾，你曾经有过婚姻，应该有这种体会，建一个家，千辛万苦，毁一个家，一夜之间。

婚姻之内没有输赢，只有两败俱伤。

能不能不让我感觉跟接受警察审讯似的。

你打电话就为了查岗查哨是吧。

我怎么到哪儿都是卧底的差事呢。

我才解放几天啊，又回旧社会了。

怎么气场又变了，我又成低三下四的了。

两口子生生弄得跟仇人似的。

可你们却把这么珍贵的东西一手打破，眼都不眨。

但是除了跟他做夫妻，我还是希望从她身上找到那种棋逢对手，将遇良才，高山流水遇知音的感觉。

除了过日子之外，还能够像朋友一样，平等相处，顺畅交流。

幸亏咱俩在岔道上走得都不远，还来得及回头。

嫌我对你太温柔了，太舒坦了，太好了，是不是啊，非得十大酷刑伺候着，你才舒服，才不单调、不枯燥，是不是啊。

你个受虐狂啊。

我想回到原点，再把婚姻这条路好好走一遍。

男女两大阵营，硝烟弥漫地打了这么久，终于偃旗息鼓了。

这男女两性之间的战争呢，那就是生命不息，战斗不止啊。

如果这世界上有一个人做了你一万次的仇敌和五千次的朋友，这人他不是你老公就是你媳妇。

以往一代一代的夫妻，他们只知道搭伙过日子，但是他们不懂得经营家庭，也不讲究两性相处的科学性，我觉得这种现状应该结束了。

我在想，你们女性天生就有猜疑、戒备和过度防卫的毛病。

只要心在，根本就不用什么协议来约束。要是心不在了，什么协议也约束不了。

离了也是好朋友，散买卖，不散交情。

我是打算跟你一条道走到黑的。

散了散了，各回各家。

要试咱们就从七年之痒开始。

居家过日子犯不着肝胆相照，虚着点和气。

七年之痒不试了，中年危机也省了，直接就试相依为命。

咱们试婚试的是什么啊，咱们试婚试的不是什么如胶似漆，咱们试的是没有了激情还能不能不离不弃，白头到老。

在轮椅上坐了好几天了，让我伺候他。

现在是她逼着我演审美疲劳。行，那我就照着给她演。

这些天，我什么活都不干，油瓶子倒了都不扶，就在这当大爷。

要我站起来也容易，重新聊聊待遇。你要什么待遇啊。丈夫的待遇啊。

假戏不一定真演。

这就是冤家吧，前世结的梁子，好又好不成，散又散不了。

咱俩结的梁子，解了。

我们这帮哥们婚姻没一个到头的，秦奋是一个老光棍了，你们俩，这么些年了，虽然没结婚，但是在我心里面，我就是觉得你们俩结了，而且还是特别好的一对，心里面指望着，你们俩能给我们这帮哥们破一例，能长久，就俩人，一辈子，打不散，骂不断。

采访

当然，所有的婚姻都是有离婚的可能的了，如果两个人是有感情基础的话，那样即便是离婚了，也是有美好的东西可以回味的吧。如果是没有感情基础，纯粹是为了他能给我安全感、他对我好，他能对我百依百顺，那以后你们离婚了，或者因为财务啊、小孩啊，婚姻破裂了，那你们结婚算什么呢？

我爸，他号称主外，但他没挣几个钱，那他说我主外了那就不主内了，所以家庭上的事情他基本不做，兴致来了，做一点，但基本上不做。

有些人他可能转化成行动，比如说跟人搭讪、暧昧或是什么，这个都是可以理解的，但你说做出触及婚姻禁区的行为，如果你不想这个婚姻继续下去了，你可以去做，承担风险嘛。

婚姻或者感情吧，对我来说，绝对是一个缘分的问题，有的人可能十几岁就遇到了，那你就能幸福地过六七十年，那有的人五十几岁才遇到，那这个缘分只能陪你三十年，而这个不确定性很强嘛，比如说他某一天变心了、破产了，或是因为赌博啊、欠债啊，他变了，那你们的缘分也就到此而止了。

其实每个人心里都是有一杆秤的。不管他说出来还是没说出来，不管他自己察觉到还是没察觉，有的人他每天都在算，你今天对我使了一个不好的脸色，那我两天都不和你说话，有的人以为他没有在算，其实他心里也是在算的，这非常正常。

所以我个人觉得只有在对方满足了你的需求之后，你才会有这种奉献的愿望，可能不成比例，但一定是别人给予在先，也不一定是给予，给予的那一方会想，我也没有付出什么成本啊，但接受的那一方觉得很受用，那她就会记下这一笔，然后用奉献的方式去报答对方。

我就是男版的他，他就是女版的我。如果我是一个男的的话，很可能就是他这个样子，如果她是一个女人的话，她可能就是我这个样子。

一种就是愿打愿挨型。就是三观一致完全不需要，你愿打，我愿挨，那也可以成就很多佳话。

但你要知道你为什么现在过得满意，不能折腾，比如我突然变大小姐了，天天让他给我端洗脚水，那这就属于"作"。不作就不会死。

我爸爸属于那种，他不太爱说话，但是他是家长的感觉。我妈妈就是特别爱说话，她是一个特别善良的人。他们没吵过架。因为一吵架，我妈说一下，我爸就不吭声了。

我就是觉得，爸爸是当家的，然后妈妈很勤劳，基本上就是这样子。

有时候你付出的特别多，同事聊天的时候就会说，哪有时间看电视啊，哪有时间刷微信啊，然后都忙到11点，伺候完老的，伺候小的，她做得好像是很完美，什么事都事必躬亲的感觉，很多事情都要自己做，然后引发了很多的抱怨。

因为我们从03年开始，这都14年了，都结婚11年了，孩子都8岁了，肯定经过了很多的大起大落，大起大落的意思就是矛盾，肯定有很多的矛盾，有时候还比较激烈。就是通过这些磨合，然后慢慢意识到，家庭的稳定需要两个人共同的付出。

有时候很不温柔。就好像要势均力敌。

虽然是他没有死掉啊，但我觉得如果是离婚啊，婚姻破裂了，跟娃娃说，爸爸不会回来了，我觉得这个更残酷。

可能人到中年，真的会这么考虑，没有什么过不去的坎儿。

婚姻的话，就是很现实。爱情，就是飘在空中的那种，还是没着地，一切都是悬着的那种，很轻飘飘的，飘飘欲仙的感觉，看不见的，抓不着的，只是一种感觉，觉得好像心里面很舒适，但是婚姻是落到地上的，脚踏实地的，落到地面上的话，那地面上什么都有，而且能够看得见，抓得着的，就比较残酷一些。

坟墓的意思就是说会有新的生命出现，我们可以这样去理解，对吧。就是你营造出来的那些新的东西其实是更坚固的。不是飘着的，而且可能是更扎实的那种。可以伴随一辈子的，而那些，在空中，可能瞬间就消失了。

他做不到什么呀，你会想，哎呀，也就这样了，因为柴米油盐的，因为，生活还是比较残酷。就像一个孩子能够正常长大，结婚，有工作，就很冒险，其实，他能够这样做到就很顺利了。婚姻，也是这样子，如果能够从开头一直走到老，这也挺冒险的，中间肯定经历很多的事情，但是没有夭折，或者没有受伤啊，还能够走过去，也挺不容易的。就像孩子长大，这种感觉。

我觉得后一点吧，新鲜感啊，我觉得外面还是有很多诱惑的。因为诱惑的话你没有办法区分大与小。其实这个诱惑也许就是个陷阱。他一旦掉进去，可能都身不由己。我觉得这个对婚姻会是一个致命的打击。

有的人就会说，我心出轨，我身不出轨，但我觉得心出轨还是可以原谅的，因为诱惑很多嘛，你只是想想而已，但是在诱惑面前，你制止了自己，比较理智地回来了，你的这个还好一些。一旦做了什么事情，我觉得这个可能很难挽回了。

所以还是前面的会更好一点，就是平淡，它虽然会趋于平淡，但事实上是趋于稳定。它已经固定到那了，其实就是没什么变化了。

风雨飘摇，就不管外面有什么打击，它都可以承受得住。就是一旦他们处于一种很稳定的状态了，如果双方中的一方去找了这样一个新鲜感，像一个雷一样，把这个房子炸了一角，没有把它完全摧毁，炸了一角。如果他们之前都已经很稳定了。也许可以把它修补一下，但是说如果在还没有稳定的情况下，就做了一些事情，就是说这个三角，房子是个三角，还没有稳定呢，就做了一些事情，我觉得就会是个炸弹，直接就会把这个房子炸飞了。

就是说好的婚姻应该是经历了好多酸甜苦辣的婚姻。不能好的，（就是）相敬如宾啊，孩子幸福成长啊，怎么怎么样。我觉得他们是经过矛盾的，经过困难的，他们是苦尽甘来的，这样的婚姻是好的婚姻。他们共同经历过一些事情。

可以这样来说，太阳和云。因为云过来的时候会把太阳盖住，太阳有的时候又出来了。我们有的时候角色会是这种，有的时候我就特别想当太阳。我就不想被盖住。然后他盖住我的时候我就会跳起来，然后要挣扎着，要露出来，但有的时候呢，他要当太阳，他就觉得他很重要，因为太阳毕竟比云重要。他就觉得天空应该是他的。云就在边上飘就行了。你就变淡一点，你不要那么的黑暗，清清爽爽的，可有可无的，若隐若现的，很柔。我就有时候不仅当了黑云，然后就想盖住，就很愤怒，就变成黑云彩，然后黑压压一片就过来了，要把他盖住，那种。应该就是这种关系，他可希望，就很温柔那种，不要光芒四射那种。但是我在外面就不怎么样盖住，就是在家里，只是在家里，我们就是这样，好像每个人都想当老大。就要冲出来，互不相让。

然后就会发现，咦，我这个挺合理的，然后你的那个就不合理。这样就交流的频率或冲突会更多。但是在这个过程中，也融合得更好一些，因为都暴露出来了嘛。然后大家互相地去了解，互相地去说服对方。孩子带来的，就是让婚姻里面的波澜起伏更大。这些波澜慢慢消退了以后，就让家里面这个生活的面儿更宽了，就是新的面儿更大了，了解得更多了。

我姥姥给我灌输的就是，一定要早点结婚，不能超过28岁，太大了就嫁不出去了，然后那什么，结了婚之后一定要好好伺候男的，那种，然后我当时就是乐。觉得很可笑，咱们理解不了他们那种思想，因为我姥姥对我姥爷简直就是言听计从的那种，她不敢反抗我姥爷，她知道反抗了也没用，所以我在婚姻这方面还是比较传统的，虽然恋爱是我自己（选择）的。

他在我们婚姻中，从我们恋爱开始，一直扮演的是一个大哥哥的角色，而我扮演的一直是一个小妹妹的角色。

我老公就总说，我一定要把咱这爱之旅写一本书，然后这都二十年了，还没写呢。

那时候我就觉得事业啊、家庭啊，都到了很乏味的时候，就是锅碗瓢盆，孩子。夫妻之间的感情很淡，都倾注在孩子身上了，谈不上什么感情，都没有自己的时间。出来之后就觉得不一样了。

然后从我出来，我们慢慢慢慢地转变，我觉得到现在我们两个磨合的特别好，不信任那些在我们之间就不存在。

就觉得我能把婚姻经营得很好。

兄妹算吗？就是亲人。现在更多的是亲情。

我理解我们的关系，就好像孔子所说的"君子之交"，就没有那么多的所谓甜言蜜语的那种，就每天，也觉得挺甜蜜，也没有那么多话语的那种。

我爸爸说起来可能有点妻管严那种，但可能也不叫妻管严吧，我觉得每一个呵护自己爱人的人，可能都是这种状态，就是比较听我妈妈的话。

我妈妈和我继父，我觉得是各取所需吧，我继父那边，可能也是想重组一个家庭，然后享受家庭的温暖，然后有儿子，然后我妈妈这边，可能想要一个男的，然后承担起抚养我们的责任，一个人可能比较困难，然后这段婚姻是一段各取所需的婚姻，十年就结束了。

我就觉得我妈妈活得很可怜，整段时间就在他（继父）的淫威之下，一生气就挥手打啊，因为我爸爸从来就没打过我妈妈，从来就没有，像乡下打老婆的那种事情是很多的，他从来没有过。

是这样，我有一个观点，就是朋友之间和夫妻之间的关系都是需要经营的，都有一定的方式去维系，如果不维系的话就淡了，或者断了。

我会直接跟她说，这个事情是不是就不要这样做了，这个就是通过磨合嘛，就是相互磨合嘛。

为对方付出，你是心甘情愿的，如果你觉得你亏了，你有这种心态，这段婚姻就很难维系，这段婚姻基础就不牢固，就会出现你自己内心在衡量，你自己会挣扎。

其实是需要有这样一个心，这样可能关系会更加紧密、牢固。

我事实上觉得婚姻就是那种平淡的状态，可能偶然有一些小浪漫啊。

筷子吧。就是双方要相互扶持，一根的话也没有用，必须要是两根在一起合作这样子。

除了这个，我觉得会有点中国人说的那种门当户对的看法。

所以当婆婆有这样一个错误观念，进入这个小家庭的话，这是致命的打击。

父母的婚姻就很传统啊，就是男耕女织。

在我们的整个家庭中，都没有一些很刺激的事情发生，就是很平

213

淡的。

我有时候也在想，我的婚姻生活可能是这样平稳的。可能会越来越平淡，我也不介意这种平淡。

婚姻时间长了，大家就是一种亲人的关系。

婚姻关系在你没办法确定它是不是能持续一生的话，那你们之间的爱肯定是有条件的。你会去衡量，他爱你多少，你给他多少，但和父母之间不会。

夫妻双方可能刚一开始的时候我对你更好一点、奉献更多一点这都没关系，迟早，在一个时间段内，是要达到一个平衡的，不可能总是一个人付出，总是爱另一个人多一点，在一个时间段内，他得要回报，我可能不是"要"这个回报，取这个回报，但是这个东西是说不来的，就是你得他发自内心地去回应你，这段关系的稳固程度才能更持久。我觉得是这样。你是说感动也好，就是感受到这种爱，激起对方的反应，反正，我是觉得是要回报的。这是什么，出来混，都是要还的。要达到一个平衡。

比较浅层次的看就是互相信任，就是彼此在心里都认为，我把你当亲人看。亲人之间是不会有背叛的。

我们俩的朋友都说，我们俩看起来挺有夫妻相的。同事都说，我们俩处理很多问题的态度都很像。

我们俩像是两个挨得比较近的树，种得离的比较近，夏天的时候可能互相的遮风挡雨，在这三年中可能根系慢慢地交叉到了一起，但原来是完全没有关系的两个独立的东西，但不是那种鱼和水啊，蓝天和小鸟，我觉得可能是互相的一个扶持吧，是并肩的一个东西，不是一方面对这个感情的付出也好，倾注也好，更多的是俩人去应对很多事情。

其实现在想一想，觉得上当了。还是自己的原因，看人不准。

实际上想一想，我觉得她懂事的时候，我和她在一起很开心，她不懂事的时候，我就觉得她是个累赘。

现在幸福的婚姻，一半以上都是男方像灰太狼一样，女方像大小姐一样。当然这样的婚姻，一个愿打一个愿挨，这也没什么，但问题是，一个人不能始终扮演灰太狼，时间久了，灰太狼会受不了的，对不对？

我觉得，夫妻啊，一开始想象得都很美好，到后来，就慢慢地磨啊。你的大小姐脾气就慢慢给你磨成二小姐，最终给你磨成丫鬟脾气。你如果想要婚姻维持下去，就得靠磨。

我有时候觉得啊，像灰太狼和红太狼这种婚姻，现实生活中是很难维持的。

现在的人呢，你一次对不起我，这是爱情，我可以包容，两次对不起我，我忍让，三次对不起我，多次对不起我，轻则离婚，要么就出轨啊。

我时常引导她，要好好学习。我会说，你想不让我说你，可以。你自觉一点，一个人只有自觉，你才能免于尴尬。如果你不管好你自己，那么作为咱俩生活的共同体中的另一个成员，那我是要说你的啊。

所以我觉得啊，像灰太狼和红太狼那种婚姻啊，现实生活中是很难存在的。你不觉得灰太狼有点不正常嘛，有点受虐心理。你看他老婆什么时候尊重过他，经常都是暴虐、命令。

婚姻没有走到头，谁敢说谁和谁一辈子在一起啊。

那只能说明大家原本就不是一路人。夫妻的经济、社会地位如果变动得比较大，很多的关系，就像这个结构体一样，那都维持不住啊。

就像两块磁铁一样，分不开。应该这样说，在一块久了就要吵架，但分开了就会想。

现代社会啊，婚姻要想过得好，两个人都得努力。一个人当大小姐，一个人当仆人，这种婚姻是维持不下去的。如果一方总是觉得委屈，另一方总是觉得不满足的话，现实生活中这种婚姻是维持不下去的。

我开玩笑和她说，我要在你这能毕了业，我和什么样的女人结婚都能受得了。

感情好的时候，你多拿我一点、我多拿你一点，根本没有问题，感情不好的时候，你看看？连铅笔芯都要算一算，你信不信？

反正慢慢跟我老公相处，就觉得他像个大哥哥似的，就特别会照顾人，他虽然长得不好看，但心地特别善良，就对我特别好。

13岁就被送到婆婆家当童养媳，童养媳也是挨打受气的那一种。我妈就认为我是家里最小的，要找一个长得太好的，不天天挨打、受气的。要条件差的，就把我当宝一样去养着。

我觉得任何夫妻，如果没有孩子的话，可能走到最后的都不多。

我觉得，平淡的，能走到最后。

应该是08年、09年，我跟老公冷战过一段时间吧。

然后他知道我吃药马马虎虎，跟小孩子似的，不看着就不会吃，他就看着吃完了才会走。

如果自己做出出轨的事情，老公肯定不会提出跟我离婚，也不会不要我的，但我自己就不会好过了，也不会那么幸福了。

怎么说呢，他比我小一些，我觉得我一直在提着他过日子。因为，我做得好，你没有理由不向我靠拢。

很平淡，也没什么大事。但毕竟是一个大家庭，还有其他子女，但我可以说，出主意我还是很大一部分，就是我能做得了主。

我觉得永远都是平平淡淡才是真，我不需要什么轰轰烈烈的，我也接受不了，我觉得平平淡淡就可以了，和大多数家庭一样，日出而作日落而息就可以了。

我觉得是两个人经营的，不要要求对方什么，只要自己努力，让对方看得到你的优点就可以了。

我觉得我们像什么，我就得就像一部韩剧，就平平淡淡的，现在孩子也大了吧，曙光在前头吧。因为我的小老公很靠谱。

别人家的老公再阳光、再帅、职务再高，和我没关系，不是一路人。

她说，我给你介绍个女孩，我也要切实负起责任来，那么这个女孩，工作啊、学习啊、群众关系啊、人品啊，她说我是慎重考虑的，才给你牵这个线，搭这个桥。

我父母的婚姻呢，他们一直走到了最后，而且比较平稳。

他们俩的婚姻呢，也给我们有正面的影响。当然也有些分歧，有些矛盾，这是正常的，但大方向，从来没有说要分道扬镳啊，这个都没有。

他之所以能够走这个路子，是因为家里有个贤内助，什么事情都不用他管。

我们更看重子女，我们觉得我们夫妻关系，很稳定，很成熟，从结婚以后就没有波折，也在遇到困难的时候能做到风雨同舟。

既然我们是夫妻，那我们就同甘苦，共患难。你到哪里，我到哪里。

对我影响比较大的，一个就是上一辈父母对我们的教育，再有我们夫妻两个人是经得起考验的，是毫不动摇的友谊和感情。那这就没有什么可说的，那作为夫妻两个该做到的都做到了。

婚姻解体，要么是自身不成熟，要么是对另一半期望太高。

217

不管我会失去什么，我都会结束这桩生意，解除这个合同的。

我总觉得，夫妻二人之间的关系应该是多样化的，是彼此深爱的人，也是彼此最信任，时常沟通交流的好朋友。

附录Ⅳ　隐喻表达汇总（英语部分）

情感信箱

Thirty-five years later, divine providence intervened and our paths have crossed again. （2013-01-21）

I know this is a big adjustment for you, but in time you can both put this unfortunate chapter behind you. （2013-02-17）

If you want to make your marriage last 26 years, please stop using sex as a weapon to manipulate your husband. （2013-04-07）

He sometimes makes me feel like a teenager hiding it from my parents. （2013-06-30）

This is less about a contest of wills than the fact that you are addicted to nicotine and can't stop using. （2013-06-30）

When he confides his deepest feelings to a woman other than his wife, what he does is widen the gulf between them. （2013-07-08）

I have talked to her about this, and we have fought about it. （2013-08-08）

I never wanted a partner and didn't ask for one, and now I feel trapped with an employee from hell. （2013-08-08）

You may love Janine, but if the only thing holding your marriage together is allowing her to play at working in the office, then I'm sorry to say you don't have much of a marriage. (2013-08-08)

I'd like him to buy me flowers, send me handwritten notes, take me to romantic candlelit dinners, etc. I reciprocate by giving him back rubs, baking him his favorite pie and buying him small gifts. (2013-08-25)

One answer is people with college degrees are marrying at a greater rate than those with only a high school education —— and their unions are more lasting. (2013-09-07)

It's hard when they call me stupid for wanting to take that step just because their marriage didn't work out. (2013-09-07)

I'm sorry your parents' marriage didn't work out. (2013-09-07)

Don't misunderstand—Bob is a great guy, a good dad and my best friend. (2013-09-21)

I have been married to my best friend, "Black", for two years. (2013-10-03)

I feel lied to and trapped in my marriage. (2013-11-15)

If you want to salvage your marriage, I strongly recommend you talk to a therapist. (2013-11-15)

I feel like I have found my soul mate. (2013-11-27)

Am I unreasonable to put a boundary on my marriage? (2013-12-18)

Marriage isn't supposed to put people in isolation. (2013-12-20)

As it stands, your marriage is broken. (2014-01-23)

I feel betrayed on every level, especially by my husband, who was my best friend. (2014-01-29)

My trust in him and our marriage is broken. (2014-02-02)

Because the basis of any successful partnership——and that includes marriage——is trust. (2014-02-02)

Despite problems in our marriage, neither of us has strayed. (2014-02-28)

If she's willing to do that and work on repairing your marriage, there is a chance that your problems are fixable. (2014-02-28)

文学作品

On the surface, many marriages seem to break up because of a "third party". (Sydney Harris, Love is Not Merchandise)

The other woman or the other man merely serves as a pretext for dissolving a marriage that had already lost its essential integrity. (Sydney Harris, Love is Not Merchandise)

He calls him a hypnotist or a thief or a home-breaker. (Sydney Harris, Love is Not Merchandise)

In the vast majority of cases, however, when a home is broken, the breaking has begun long before any "third party" has appeared on the scene. (Sydney Harris, Love is Not Merchandise)

One of the most startling pieces of evidence that shows people are not in touch with what's really going on in their partnerships is the fact that the majority of people who file for divorce say they didn't think there was a relationship-threatening problem just six months prior to breaking up. (Dr. Bonnie Eaker Weil, Challenges to a Lasting Relationship)

I strongly encourage you to make the relationship you have work, because there is a higher rate of divorce and adultery in second marriages.(Dr.

Bonnie Eaker Weil, Challenges to a Lasting Relationship)

You can walk out on your marriage, but you can't run away from yourself, no matter how hard you try! (Dr. Bonnie Eaker Weil, Challenges to a Lasting Relationship)

Rather than blaming each other, couples can learn how to work as a team and coach each other through the troubled times and power struggles. (Dr. Bonnie Eaker Weil, Challenges to a Lasting Relationship)

This is truly a shame, because the skills for "fighting fair" are very easy to master with just a little practice and patience. (Dr. Bonnie Eaker Weil, Challenges to a Lasting Relationship)

We only behave differently in our quests for closeness. (Dr. Bonnie Eaker Weil, Challenges to a Lasting Relationship)

Please make of our relationship a great and holy adventure. (Marianne Williamson, A Prayer for Couples)

May our joining be a sacred space. (Marianne Williamson, A Prayer for Couples)

Bring us together in heart and mind as well as body. (Marianne Williamson, A Prayer for Couples)

May we not be tempted by fantasies and projections, but guide us in the ways of holiness. (Marianne Williamson, A Prayer for Couples)

Save us from darkness. May this relationship be a burst of light. (Marianne Williamson, A Prayer for Couples)

May this bond be a channel for Your love and healing, a vehicle of Your grace and power. (Marianne Williamson, A Prayer for Couples)

Thank you, dear God, you who are the cement between

us. (Marianne Williamson, A Prayer for Couples)

Often, marriages tend to drift. They get caught in dangerous currents. They get off course and head toward hidden sandbars. No one notices until it is too late. (Joanna Slan, Damaged Goods)

On your face, I see the pain of a marriage gone bad. You will notice the drift in this marriage. You'll call out when you see the rocks. You'll yell to watch out and pay attention. (Joanna Slan, Damaged Goods)

Now I understood why I chose to come talk to this man about marriage instead of taking an easier route. (Joanna Slan, Damaged Goods)

Deep down we knew we still loved each other, so we pledged to work it out. (Anita Gogno, Just Like New)

We had stored up reserves of anger and resentment that pushed us apart. (Anita Gogno, Just Like New)

But through countless discussions and a lot of prayer, we began to close the gulf. (Anita Gogno, Just Like New)

When I felt we were reaching solid ground, I asked my husband to give me an eternity ring. (Anita Gogno, Just Like New)

You have to work at keeping it polished and new, or else the grime of the passing years will hide the joy. (Anita Gogno, Just Like New)

It (Communication) has been the bedrock of my marriage and still is. (Amina Alhassan, Your Marriage is Your Script)

Your spouse is the best friend you can ever have. (Amina Alhassan, Your Marriage is Your Script)

The past for me is past. The way forward matters more. (Amina Alhassan, Your Marriage is Your Script)

But marriage is about just the two of you, it comes with a lot of uncertainties, you can't plan much but you must be prepared for whatever it brings. It is no child's play and must be taken very seriously. (Amina Alhassan, Your Marriage is Your Script)

You must also be ready to cry together, laugh together and play the fool sometimes. (Amina Alhassan, Your Marriage is Your Script)

You have to take each step at a time. (Amina Alhassan, Your Marriage is Your Script)

It is your own script, handle it with care. (Amina Alhassan, Your Marriage is Your Script)

Marriage is not all mills and booms, as everyone paint it to be. It is not smooth all the way. (Amina Alhassan, Your Marriage is Your Script)

It's simply, your ability to manage your script well and stand through the thick and thin. (Amina Alhassan, Your Marriage is Your Script)

Marriage is very much like a long journey. Planning the trip brings anticipation and excitement. Often we are in such stress by the time we leave. Then, the journey itself produces unexpected difficulties and joys. Somewhere along the way, we realize getting to a destination isn't that important, but what we experience along the way was priceless. As we stop along the journey, we look back at the time resulting in the most joy and laughter. Usually, they were obstacles that tested our resourcefulness and unity. (Robert Browning, The Beauty of the Long Journey)

Building a marriage is much like building a home. You put deliberate plans in place then you actively pursue the construction. Day-to-day busyness must be guarded against and the building must be conscious. When building stops, status quo settles in. Having a deliberate eye on construction can keep building fun and productive. (Gail Rodgers, Tools for Building an Intimate Marriage)

I have discovered that there are some characteristics that are vital to a well-functioning marriage. (Kiki Anderson, Characteristics of a Successful Marriage)

Marriage is easy when you're feeling love. But when you aren't, marriage feels like a cage: "I'm trapped in here with this woman I don't love and who doesn't love me. I can't get out and neither can she. This marriage is holding both of us back from being happy!" But think about this. What if the cage is there to protect you? (Regi Campbell, The Marriage Cage)

I will give you my countdown based on a blend of personal life lessons and biblical principles to make sure your marriage stays fresh and not rotten. (Antony Aris-Osula, Five Ways to Have a Fruitful Marriage)

Fight for it, build it, nurture it and do not let anybody trespass on the land that is your union. (Antony Aris-Osula, Five Ways to Have a Fruitful Marriage)

We choose one another, and walk forward side-by-side, onto the marriage coaster. (Rebekah Kim, Marriage)

Children are the fruit and bond of a marriage. (Anonymity, Love Marriage and Family)

Eighteen years ago, my marriage was in tatters. (Amy Slabaugh, Learning to Communicate)

Hundreds of thousands of women have used these principles to transform their shredded marriage into intimate, passionate relationships.

(Clark Fitzgerald, Rich Perspectives)

If we want to have intimate, strong, committed marriages, we must sow seeds of love, grace, truth, compassion, and kindness. (Lisa Great, Divine Principles for Success)

This book is geared more toward people who are not yet married, or who are newly married and are having trouble getting into the rhythm of marriage. (James Robison, Living in Love)

If love in the age to come is transposed into a key above and beyond the melody of marriage in this life, then singleness here will prove to be no disadvantage in eternity. (John Piper, For Single Man and Woman)

影视作品

It seemed like all we did was fight and make love, fight and make love, fight and make love.

You two broke up.

Love is what binds us, through fair or stormy weather.

He keeps us grounded, like fog at an airport.

Look, uh, your mom and I are a team, and she—we feel like this is a chance for you to show some responsibility.

It makes me so happy to see my two boys working together.

No, you made your mother and I look bad. We are a team.

Well, honey, please, let's try to remember that I'm your wife, not your mom. So in the future, you don't need to hide things from me. Okay?

Look at those queens. I would have killed with this crowd. But you had to clip my wings, which you used to be the wind beneath.

You know, he is the old silverback protecting his females, then along comes this younger, stronger gorilla swinging in, beating his chest. You know, naturally, the ape ladies come running, presenting their nice scarlet behinds, Papa ape wants to stop all that, but he can't.

You know? That's— That's the life. I am not the enemy. The enemy is poachers.

I'm about to embark on a new journey.

Things with your mom got pretty intense down there, huh? All like East Coast——West Coast. You feelin' me?

Mom really wants to smooth everything over with Dad and Gloria.

No, I am just trying to piece this family back together.

Jay moves on so easily and— and not with just anyone—with a young and smart and beautiful woman.

This is ridiculous. Gloria didn't steal me, Dede, and you know it. We grew apart for years and you left to find yourself, remember?

Yeah, until you sweep too much under the rug, then you got a lumpy rug.

Boom. Just like that, the whole day changed. The whole day changed. It was game on. She knew it. I knew it. We both knew it.

You see, that's what makes us a great team.

There may be some bumps along the way.

You are not mad at me. You are mad at the old balls and chain.

Hell, I'm probably fighting with your mom more than I'm fighting with Gloria on this thing.

If you want out, that's fine with me!

Dad, for the last three weeks, I have bent over backwards for her.

He's trying to butter you up for a divorce.

Watch out for parasites. A parasite is anything that latches onto you or your partner and sucks the life out of your marriage. Marriage rarely survives if parasites are present.

No, but I think we both understand where this is all headed.

What's the point of going down a dead-end road?

It is a lifelong journey that draws his heart ever closer to hers.

I have no intention of stepping aside as you try to steal my wife's heart.

But marriages aren't fireproof. Sometimes, you get burned.

But you're gonna let your own marriage just burn to the ground.

How did you get a good start with Tina?

I'd say the halfway point was the hardest for us.

Son, I used to be where you are right now.

When it's not going anywhere?

You know when you get to a fork in the road.

And you know that either way you go is gonna change your life?

So have you decided which path to take?

I don't have a reason to return.

Salt and pepper are completely different, their make-up are different and their taste and their color, but you always see them together.

采访

I tried to win her back.

There was a time maybe 7 years ago. I was starting to feel like we were drifting apart.

That tends to pull people apart.

So you tend to have a little bit of a separation.

There are a lot of glues that keeps the marriage together.

Each of you supports the other. So if there isn't a support mechanism, life becomes more difficult. It's like becoming part of each other. It's like losing your arm, or something. So losing a partner is huge.

We both go together as a team.

The two didn't really ever mingle.

That affected my attitude and her attitude. We are kind of starting to clash a little bit.

Life is difficult and complicated and relations are very difficult and complicated. It takes a lot of work. Some people just don't want to put the effort. Maybe they see there is an easy way out. It's easier to have an affair than to fix the relationship.

But I didn't realize initially marriage is like a job. You have to continue to work at it. If you don't work at it, some other things may not be fulfilled. Therefore, there is a void there. If you don't want to work at it, you need to go and find somewhere else perhaps. You need to be aware what you are getting into and what it takes.

If you work hard in your marriage, your boss won't fire you.

I think that can relate to marriage, you know you have to do a good job, so your wife won't fire you.

With having her behind me and being very positive helped me establish my business and be successful.

I have to talk to the boss.

It helps you to avoid the future conflict.

Just because you will be in conflict more frequently about decision-making and things like that.

I think that is crucial to a healthy marriage anyway.

Marriage based on economic or political factors can equally be fragile.

In a healthy marriage, that need is fulfilled.

If I have to say how good their marriage was, compared with most marriage, I think it is in the top 20% or whatever.

I think I am willing to go with.

I think it is important to be willing to make self-sacrifice, mutual self-sacrifice, that is hard to measure, I guess. You just look for outcomes. If you are happy most of the time with your marriage, that would be the outcome that you try to measure.

It seems like it could create imbalance and conflict.

If I restricted myself not have guns in my house, it is a certain restriction. I no longer have the freedom in my house, but it frees me not be concerned about my children accidentally hurting themselves or somebody else with that gun, things like that.

In that we want to be partners in decision-making.

Whereas you have two people with the equal vote, you can tie a lot of times. So you do that. But I think our relation is such that whenever we have a tie, we either comprise, or whoever cares more or we have a reasonable discussion until we come to certain kind of conclusion.

I think we come together as a couple. We have similar values and interests, so that fortunately, there are fewer conflicts.

As there are fewer conflicts and disagreement about decision-making, we seem to match up fairly well.

We both decide we will pick our battles. If it is something that is not that important, there is no point in fighting.

So it was more isolated. More of an adventure.

It is just the next step by the logical progression.

I was just the next step.

When we get rational, we can compromise. But most of the time, it is having a difference of opinion. I usually win. He is the one who usually gives in.

He was dependable.

My assessment was that he was good and dependable and this was something that I could stick my future on.

It is the bedrock. It is the solid place. I can count on him.

He does the laundry. He does the grocery shopping. He does most of the cooking. He's been an angle.

He has stepped in and taken care of all those things willingly.

There have been times when we've gone through a rough patch.

It was a time with a lot of turmoil because my mother had two brothers who were still living at home.

It was a time with a lot of turmoil.

So that was a formal reestablishing of the relationship.

It is a symbol of being united, and it is solitary.

I would say if you've lasted two years and outlasted whatever your arguments and fights, I trust by two years you've had some fights.

It was just a good fit.

I had had other relations before and they had been really turbulent and emotionally draining.

To answer that, I think I would look at my children. What I think is important for them? I think their education is really important and their career. But I think the biggest source of happiness or misery in their lives comes from the person they marry. If they have a happy marriage, I think that's much more important than what they do for a living. If you marry someone and that person is cruel or the marriage falls apart, I think that is much more miserable than you have a job that you don't like.

But they don't know how to communicate in a healthy way. So we had not be able to watch how healthy marriage works.

Ed I think is kind like the air I breathe. He is like almost part of me.

And it really felt like we were a unit. We were working together.

If we had been sleeping together, it would be more difficult to break up.

In the Bible, it says, the two will become one person, one flesh, and we really feel that way. Afterwards, we just feel very connected.

I just think it was so tragic that their marriage fell apart.

So the Bible says, A Christian should not be unequally yoked. Yoke is like what two cows or two horses will wear to pull the plow.

But she was willing to take more of a risk, go ahead and get married and work out those things.

I knew it would be a big strain on the marriage if I did not have a good job.

It was not that it's all dark all the time.

Things just get tense. You can feel the tension. There was a lot of tension. Sometimes, occasionally, it would erupt and we would get angry, but it never got combative. It never got violent or anything like that. It is just this tension that wouldn't go away. It was hard.

That was a very bonding kind of an experience.

Some couples drift apart after their kids leave home.

We weren't really in conflict about that.

It made me realize how fragile marriage is and you have to be very careful to be communicating.

It showed me the importance of communication. You have to really work and be emotionally present for your partner because it is so easy to drift apart. It is very easy for other things to get in the way.

That secret can very easily draw you very far apart.

It could put a big strain on the marriage if that is the case.

I know marriage would work that way.

It is like any commitment. You have no idea what you are getting into. You are really taking a risk. But I don't think I realized how big the risk was at the time. Now I know it is much a bigger risk than I ever realized at that time.

I have some friends who have grown apart.

Resentment can really destroy a marriage. Like if one partner goes along but then resents it, resents having to give up his or her dreams to follow the other, that resentment can be very destructive.

It is hard to say, we kind of trade off.

A marriage expert say that one common ingredient in marriage that works is just gratitude.

Because when you start feeling resentful, you are not able to say that, to express that, then I think the resentment grows and can really tear the marriage apart.

She felt guilty about having to break up, you know, the divorce.

The older they get, the more impossible it seems for them to be able to keep the relationship going.

I think sometimes it is good to step back and look at the psychology behind your marriage to get some perspectives from the trained marriage expert.

So it just made me confident it was OK that I was on the right track.

To me, marriage is a team, and you have to have similar ways of dealing with things.

The teamwork part is huge.

The team work we had together and the time we spent together is I consider first above everything else.

It is part of the process learning to accept one another's boundaries.

They just complemented each other so well.

In the family where I grew up in, my mother was kind of the boss.

I think during that period, we relied on each other very much. We realized we needed each other.

Our marriage in our relationship kind of went downhill from that point.

In my mind, that kind of started the decline of our marriage.

I think to both of us, our marriage is probably irretrievably broke.

He looked at me and said this marriage is never going to survive if you don't change. I finally came to the realization that our marriage is not going to survive if both of us were not going to do some giving.

The sum of our parts is greater than the parts individually.

We make a good team, but you have to acknowledge that I am part of the team.

We just told him we have mutually decided it was time to end this marriage. It isn't going anywhere.

It is just a shock for me to realize that my family is not going to be intact forever.

We try to keep the children out of the divorce.

Someone from outside would look and said, she has everything.

I told them I was in that dark places then and I never wanted to go back.

I realized how quickly I could be caught up in it.

I wish I've known better about boundaries.

I always think I know what it would take to keep my marriage intact.

There is not a change that we would reconcile.

I am not a part of a couple.

It's fine to have the best friend, to have the companion, to have that kind of relationship.

We had to work together because there was just enough money to get by. So we were a very united team.

They were truly a joint.

They were a team.

You don't want the same thing, who gives in? While she clearly thought she was the one to give in.

I don't think Pat is willing to sacrifice for me.

I just feel so happy to be out of it.

He saw it was a competition.

I am the head of the family. If I move, we all move.

It was just a very gradual building up of the things.

You need to have some kind of compromise to come to understanding.

My concept of marriage is not religiously founded, but just a measure of commitment.

You get married, you get obligations, eventually down the road you have children and which we did, and you have to think more about the unit than about yourself.

I serve as her mentor in a lot of ways to let her really excel.

It's good. It is a unifying factor for us.

It is difficult for me to get an appointment with her. I need to make a reservation.

We don't really have many flare-ups. We'd had a few moderate flare-ups, but not too many.

I think it has a lot to do with it. I think it is a powerful weapon. Silence.

That is a little bit of a tension in our parts.

It is an interesting byplay between the two of us.

I guess she is really trying to fill her life to the very fullest. I am going with her.

So there is conflict here.

Like I said, because that trade-off, I find the deal is made.

In certain sense, to be a real American, it's to understand that there is a contract, and the contract is to be followed. So it is a marriage contract.

To me, it is a contract in a lot of ways.

For us it is because we had very little money. We did the kind of trade-off.

There was tremendous tension between my mother and my father's family. That was a tension for them.

Her opinion and my opinion agree that we need to understand each other better, understand what is the foundation, what marriage is, what does that mean, so we talked about.

The emotions in my mind have a tendency to be like a harness. It can make us go on a direction because it feels good, and that direction is always not the best.

As far as marriage is concerned, the foundation is very different with Hope.

We would continue to work towards the goal of staying together for the rest of our life.

That's showing that I am committed to God's principles, its foundation and its truth on how to maintain my marriage, to keep it healthy.

That I follow what the Bible says is my foundation of marriage.

You cannot break the ties or the connection if two people say they love each other in God.

When you now have two people together, like forming a company, two is better than one. Two minds, two backgrounds, two different abilities would create a better system than one does.

You can choose not to be married, but you still follow the same guideline.

That is the ultimate pleasure, this marriage union.

Our obedience to follow those orders is what strengthens things or brings us together, ties us together stronger. In the military sense, if you join the military, you have an officer controlling the group. That officer makes all the decisions. The officer's job is to make sure that all the ones, all the people, men or women, in the group, listen to him and follow his orders. God is the officer. Hope and I are just the members of that group. We were both following the same person, the same orders. That strengthens us as a group.

Our ability to stay committed to each other, even when there's difficult time, kind of strengthens the rope between us and holds us together. The rope is really all of God's standards.

We could experience all the benefits of that union.

I am going to give in. Not totally give in. It is to determine how we should move forward.

My answer is of course, you wait until God gives you the green lights to move forward with the specific mate or spouse.

There are three candles. Two candles on the outside represent the two individuals. The candle in the middle represents the unity of the two people becoming one. Obviously at the end of the ceremony, you blow out the two outside candles. All that remains is the single candle which symbolizes the singleness of marriage. Now you have just one. That which God brought together that union between two people, according to God, there is not anything that can separate. Because the two candles has been distinguished. All that remains is one.

My wife and I's continual job is, it is always a work. It is to make sure we remember that we are one. It is not we are two individuals operating on own own planets. We have joined together years ago.

The union of two people joining together in a marriage is kind of risky. I don't think anyone who truly decides to get married, when they begin that relationship and they start thinking about marriage, really wants to say I am willing to take a risk. Like a gambling, if I play enough time or I bet enough for just happens that I get lucky, my marriage will last. I think everyone was hoping for marriage that will last. How can you know for sure that it will last?

We are one that can't be separated. There is a reason for us to become one and I need to know what that plan is and we move forward.

That became our roadmap.

The woman who fears God. An excellent wife. How can you find one? She is far more precious than jewels or gold. The heart of her husband trusted in her. She will have no lack of gain. She does him good, not harm. She seeks things out to help her family. She is like the ships of merchant where they're constantly trying to find ways to provide for the family. She brings food from afar. She rises while it is yet dark.She gets up early in the morning, provides food for her household. She considers a field and buys it. She plans. She grows. She dresses herself with strength and makes her arms strong. She perceives that her merchandise is profitable. Her lamp does not go out at night. She opens her hand to the poor. Her husband is known in the public when he sits among the elders of the land. His husband praises her and many women look up to her. They respect her. Charm is deceitful and beauty is vain, but woman who fears the lord is to be praised. Give her of the fruit of her hands and let her works praise her in the gates.

I am sending, my wife is sending the message to my sons what a healthy and a godly marriage is all about.

So often, the sex part enters much more sooner than it should. It becomes like a knot in a rope. It's really difficult to break that knot. You continue to tie the knot every time you sort of engage together in a sexual relationship.

You begin to tie those knots over and over and over, many knots as you continue to have this sort of sexual relationship together before you can get married. At some points, you get so many knots. To be honest with you, you can't untie them all. You don't know how to untie them all. Guess what you do. You cut the rope and you separate. This happens a lot.

I am not fulfilled in some way. I have confidence that can not separate or cut the rope between us.

That reconciliation process is something I think we need to seek.

When I start thinking about myself more than I think about the other person, what then begins to occur is separation and different road that I go down.

Obviously, my partner will see that I am kind of going farther away from her.

We kept the relationship going but it was really difficult.

Lucky for us, we were able to kind of regroup.

The early learning, the parenting, the adventure, sort of another learning, and redirection period, and new adventure chapter, something like that.

If you see that's not working, you need to discuss because there has to be a balance of power. You can't have somebody bossing you around, especially when you are an educated woman.

I saw how hard it is, and it made me kind of step back and say, no, you got to go with the flow. However the river is flowing, whatever it takes you, don't jump to conclusions, don't make rush decisions. Kind of float along and see how it is. I mean there may become a part where you come to a damn or something in your life, and you go, no, this is not what I want. Then I think you have to have the courage to change at that point.

I am fearful of being empty-nesters.

They are all from families that were intact.

We need to do something to spice our life.

You just have to gamble, you have to look at that person and have confidence in him.

It's like when you raise children, you can tell children a thousand things, but the best way the children learn are by example and observation. So if you tell the child, you need to read a book every week, and you are turning on the television set, they are not going to listen what you say directly. They are observing you, and I think if you are a good spouse and a mate, if you would stand up for or support your spouse, I think this spouse will reciprocate.

And sometimes people drifted apart.

I think Barry probably gave in a lot. He compromised more than I probably compromised in the early years. In late years, I probably compromise almost as much as he does. I think now it's more balanced out.

You do have to find that common ground. Set goals for yourselves.

I think maybe before people are married, they really need to say, where will we be in five years, where we gonna be in ten years. You picture.

I think our relationship is always evolving.

Neither of us would give in.

We didn't explain all the business about the other.

I like person who is to live with in terms of a mate, as a person I can say who gives you dignity and with whom you feel you can have a bond, a natural bond.

But my partner and I split up during the last four and half years.

We decided to join our forces.

We were really not going into the same direction.

Towards the end, we were kind of going into different directions, but we still appreciate each other.

We couldn't really find the common ground to discuss things.

That is basically getting in the way.

That's really becoming a breaking point with Catherine and I.

Part of the drama there was that in France, it is perfectly OK for a woman to work on men to keep them in line.

I like an open dialogue, and be respected of my decision making and my freedom to make the decisions and wanna to keep the bond.

My getting involved with this girl had already caused a pretty major conflict between Mary Catherine and I.

She confronted me with it one night and I have no reason to be not honest about that.

There could be occasion where Mary Catherine and I find a new way to relaunch ourselves as well.

I would really want to make it work because we have been together for a long time.

As time went on, I realized there was no way to really have a link with each other.

During the time, our relation was getting cooler and cooler. I felt really deeply that that was too bad.

We had some bases, intellectual bases.

That relation broke down there.

They resent the marriage that doesn't work out.

Because I was immature, I wasn't her intellectual equal.

Because I am overtly caring, too much of a mother, so to speak, instead of letting her do what she can do.

We would not go all the way.

If you have a contract to buy a home, or maybe even to buy a car, you know you do research. Is this the kind of car I want? So you read magazines about the car, you test-try the car. If you are going to buy a house, maybe the biggest expenditure of your life, you had someone inspect the house to make sure there is no problems. Then you go to the bank and get the loan, and you investigate what is the best thing to do. So you have to do that by research.

Sometimes, you are attracted to the opposite because that person have traits maybe you don't have and maybe you want to have that complement yours.

Doing that project together helps to invigorate our marriage.

Before the contract is enforceable, each party must demonstrate that they have complete knowledge of the contract and its consequences.

They were made by heaven.

Love is sweet, marriage is bitter.

后 记

本书是基于我的博士论文完成的。在它即将付梓之际。我希望借这个机会，道出心中的感谢。

我想用"桃李不言、下自成蹊"描述我的导师姚小平先生，能跟随姚老师读书是我一生最大的荣幸之一。感谢您让我走近语言学家的书香生活，更感谢您愿意带我步入语言学的神奇世界。您似乎不愿告诉我这个世界中有哪些景点，更别提事无巨细地介绍它们，但您点燃了一盏灯，告诉我语言学的世界里有光亮，然后让我自己探寻珍宝。或者，您就是一盏灯，在不远处看着我东寻西觅，偶尔会心一笑，大概您要我知道，通向真理的路上没有捷径，只有坚持不懈地探索。

感谢北外语言所的王馥芳教授、英语学院的蓝纯教授和北航的李福印教授。三位老师在开题中肯定了我的论文立意，并提出了许多切实可行的建议。你们的启发使我受益匪浅，也是这篇论文能够顺利完成的关键。我愿能像王老师和蓝老师一样，做成熟、优雅的知识女性。

感谢我的24位受访者。我感恩能有这样的荣幸，静静听你们讲自己的婚姻旅程，听你们讲美好的邂逅、浪漫的婚礼、初为父母的无所适从与平凡的婚姻琐事。难忘那么多阳光明媚的午后，难忘那么多开怀大笑与默然垂泣的时刻。感谢你们把信任交给我，每一次访谈过后，我似乎拥有了更充盈的生命，也似乎有了更多的勇气和智慧去面对自己的人生。

感谢加州大学伯克利分校的 George 莱考夫与 John 塞尔两位教授。莱考夫教授像个满脑子充满智慧的圣诞老人，总能把复杂的道理讲得平白如话；塞尔教授永远风度翩翩、思维敏捷，在他的课堂上我第一次感受到严谨之美。

感谢北外语言所的韩宝成教授、尹洪波教授、谭慧颖老师、贺珮倩老师和同门刘媛媛、秦晓惠、段满福、杨志勇，感谢能与你们分享学习生活的点滴，感谢你们对我的关爱和鼓励。

最后我想把感谢留给我的家人。在我的小家庭里，姥爷在"九一八"的抗战烽火中出生，在国共战争的硝烟中完成大学学业，父亲生在50年代，靠自学成了大学生。他们在艰苦年代对知识、真理与学问的追求也潜移默化影响着我、激励着我。我也要感谢我的姥姥和妈妈，无论世事如何变迁，我心中的理想女性一定有她们温柔、贤淑、敬业爱家的形象。

读博士的四年也是我与我的爱人携手共度人生的最初四年。在论文中，我思考婚姻的意义，而我们的婚姻似乎也给了我的论文写作不竭的灵感。我不知道如何表达对你的感谢，只想借用美国17世纪诗人 Anne Bradstreet 那首《致我最亲爱的丈夫》里平凡的诗句，也作为全文致谢的结束。

  If ever two were one, then surely we.

  If man were loved by wife, then thee;

  If ever wife was happy in a man,

    Compare with me.